Kleines Wörterbuch der «*falschen Freunde*»
Deutsch-Spanisch / Spanisch-Deutsch

Kleines Wörterbuch der «*falschen Freunde*»

Deutsch-Spanisch
Spanisch-Deutsch

von Gerd Wotjak und Ulf Herrmann
unter Mitarbeit
von Roquelina Beldarraín und Mario Medina

VEB Verlag Enzyklopädie Leipzig

Wotjak, Gerd:
Kleines Wörterbuch der „falschen Freunde": Dt.-Span.
Span.-Dt. / von Gerd Wotjak u. Ulf Herrmann. Unter
Mitarb. von Roquelina Beldarraín u. Mario Medina. –
2., unveränd. Aufl. – Leipzig : Verlag Enzyklopädie,
1987. – 168 S.

NE: 2. Verf.:

ISBN 3-324-00211-7

ISBN 3-324-00211-7

2., unveränderte Auflage
© VEB Verlag Enzyklopädie Leipzig, 1987
Verlagslizenz Nr. 434 – 130/173/87
Printed in the German Democratic Republic
Gesetzt in Times-Antiqua (334/727-8, 9)
Gesamtherstellung:
INTERDRUCK Graphischer Großbetrieb Leipzig,
Betrieb der ausgezeichneten Qualitätsarbeit, III/18/97
Umschlaggestaltung: Rolf Kunze
LSV 0847
Best.-Nr. 577 538 7
00650

Inhaltsverzeichnis

Zeichen 6
Verwendete Abkürzungen 7
Vorbemerkungen 11
Auswahlprinzipien für die häufigsten strukturellen «falschen Freunde» 19
Wörterverzeichnis Deutsch-Spanisch 27
Wörter mit morphologischen Abweichungen 74
Wörter mit orthographischen Besonderheiten 85
Wörter mit Abweichungen im Genus 91
Wörter mit Abweichungen in der Betonung 95
Wörterverzeichnis Spanisch-Deutsch 99
Wörter mit morphologischen Abweichungen 144
Wörter mit orthographischen Besonderheiten 153
Wörter mit Abweichungen im Genus 159
Wörter mit Abweichungen in der Betonung 163

Zeichen

→	verweist auf den «falschen Freund» im anderen Teil des Wörterbuchs
●	markiert den Verweis auf den «falschen Freund»
⟨ ⟩	kennzeichnet formal-strukturell wie auch inhaltlich-semantisch annähernd gleiche Äquivalente
*	kennzeichnet Lehnwörter, die im Spanischen nicht existieren
=	verweist von einem Stichwort auf ein anderes im selben Teil des Wörterbuchs
( )	umschließt variable Teile von Wortverbindungen in beiden Sprachen
[ ]	umschließt fakultative Teile von Wörtern (meist orthographische Varianten) oder Wortverbindungen
,	trennt Synonyme (fast gleichbedeutende Wörter)
;	trennt nichtsynonyme Bedeutungen innerhalb eines Sachgebiets
1. ... 2. ...	trennt stärker voneinander abweichende Bedeutungen
I. ... II. ...	kennzeichnet Wortarten oder transitiven und intransitiven Gebrauch bei Verben
~	ersetzt das Stichwort in Komposita und Wortverbindungen
≈	ersetzt das Stichwort in Komposita und kennzeichnet gleichzeitig Wechsel von Groß- zu Kleinschreibung und umgekehrt

Verwendete Abkürzungen

Abk	Abkürzung	abreviatura, sigla
Adj	Adjektiv	adjetivo
Adv	Adverb	adverbio
alg.	alguien	jemand
allg	allgemein	general
Am	Amerika	América
Anat	Anatomie	anatomía
Arch	Architektur	arquitectura
Arg	Argentinien	Argentina
Astr	Astronomie	astronomía
bes	besonders	especialmente
Biol	Biologie	biología
Bot	Botanik	botánica
Buchw	Buchwesen	producción literaria
Chem	Chemie	química
Chi	Chile	Chile
Chir	Chirurgie	cirugía
Cu	Kuba	Cuba
desp	despektierlich	despectivo
Dipl	Diplomatie	diplomacia
Eisenb	Eisenbahn	vía férrea
El	Elektrotechnik, Elektronik	electrotécnica, electrónica
etw.	etwas	algo *od* u/c.
evang	evangelisch	evangélico
f	feminin, weiblich	femenino
fam	familiär	familiar
Fechtk	Fechtkunst	esgrima
Film	Filmwesen	cine
Fin	Finanzwesen	finanzas
Flugw	Flugwesen	aviación
Gall	Gallizismus	galicismo

Verwendete Abkürzungen

geh	gehoben	(estilo) elevado
Geogr	Geographie	geografía
Geom	Geometrie	geometría
Gesch	Geschichte	historia
Ggs	Gegensatz	oposición, contrario
Gramm	Grammatik	gramática
Hdl	Handel	comercio
Hochsch	Hochschule	escuela superior, universidad
Interj	Interjektion	interjección
intr	intransitiv	intransitivo
i. w. S.	im weiteren Sinn	en un sentido más amplio
jmd.	jemand	alguien
jmdm.	jemandem	a alguien (*complemento indirecto*)
jmdn.	jemanden	a alguien (*complemento directo*)
Jur	Rechtswesen	derecho, jurisprudencia
kap Ges	kapitalistische Gesellschaft	sociedad capitalista
kath	katholisch	católico
Kfz	Kraftfahrzeugwesen	automovilismo
Kochk	Kochkunst	arte culinaria
Landw	Landwirtschaft	agricultura
Ling	Linguistik	lingüística
Lit	Literatur(wissenschaft)	literatura (ciencias literarias)
Log	Logik	lógica
m	maskulin, männlich	masculino
Mal	Malerei	pintura
MAm	Mittelamerika	América Central
Mar	Schiffahrt, Seewesen	navegación
Math	Mathematik	matemáticas

Mech	Mechanik	mecánica
Med	Medizin	medicina
Mex	Mexiko	México
Mil	Militärwesen	sector militar
Min	Mineralogie	mineralogía
Mus	Musik	música
Myth	Mythologie	mitología
n	neutral, sächlich	neutro
Naut	Nautik	náutica
Neol	Neologismus	neologismo
od	oder	o
österr	österreichisch	austríaco
Päd	Pädagogik	pedagogía
Parl	Parlament	parlamento
Part	Partizip	participio
Pe	Peru	Perú
pej	pejorativ	en sentido peyorativo
Pharm	Pharmazie	ciencias farmacéuticas
Phil	Philosophie	filosofía
Phys	Physik	física
Physiol	Physiologie	fisiología
Pl	Plural	plural
Pol	Politik	política
pop	populär	popular
pos	positiv	positivo
Psych	Psychologie	psicología
refl	reflexiv	reflexivo
reg	regional gebräuchlich	regionalismo
Rel	Religion	religión
Rhet	Rhetorik	retórica
SAm	Südamerika	América del Sur
soz Ges	sozialistische Gesellschaft	sociedad socialista
Soziol	Soziologie	sociología

Verwendete Abkürzungen

Span	Spanien	España
Subst	Substantiv	su[b]stantivo
Tech	Technik	técnica
Tel	Telefon	teléfono
Theat	Theater	teatro
tr	transitiv	transitivo
TV	Fernsehen	televisión
Typ	Typografie	tipografía
u. a.	unter anderem	entre otras cosas
übertr	übertragen	sentido figurado
u/c.	una cosa	etwas
umg	umgangssprachlich	[en el estilo] coloquial
Ven	Venezuela	Venezuela
veralt	veraltet *od* veraltend	arcaico *od* arcaizante
Wirtsch	Wirtschaft	cconomía
Wiss	Wissenschaft	ciencia
Zool	Zoologie	zoología
Ztgsw	Zeitungswesen	prensa

Vorbemerkungen

Das vorliegende Spezialwörterbuch möchte — wie das ihm in vielem als Orientierung dienende «Kleine Wörterbuch der ⟨faux amis⟩» von H. Kühnel — dazu beitragen, sprachlichen Fehlleistungen vorzubeugen. Diese könnten sich aus der unreflektierten Annahme von Bedeutungsgleichheit bei formal weitgehend gleichen lexikalischen Einheiten (LE), aus einer unbesehenen Übertragung der Bedeutung(en) der muttersprachlichen LE auf die fremdsprachige (weitgehend) gleichlautende (*homophone*) und/oder gleich geschriebene (*homographe*) LE ergeben.

In die Hauptgruppe der «falschen Freunde» (FF) des Sprachmittlers sowie des Sprachbenutzers allgemein wurden die «semantischen» FF aufgenommen. Dazu gehören 1. solche LE, die in beiden Sprachen in gleicher oder sehr ähnlicher Form vorhanden sind, sich aber insofern als «trügerisch», eben als «falsche Freunde» (FF) erweisen, als sie eine Bedeutungsgleichheit suggerieren, die im Laufe der Sprachentwicklung wie auch im z. T. mehrfach vermittelten Entlehnungsprozeß verlorengegangen ist. So hat beispielsweise das deutsche Fremdwort **Präsidium** nicht die Bedeutung von spanisch **presidio**, kann spanisches **éxito** nicht als Äquivalent von **Exitus** betrachtet werden. In solchen Fällen völliger inhaltlich-semantischer Abweichung erfolgt ein Verweis auf den im anderen Teil verzeichneten falschen Freund.

aportar I. *tr* 1. *Jur* einbringen, einlegen 2. beitragen II. *intr selten Mar* anlegen, landen
● nicht → apportieren
armada *f Mil* Flotte *f*
● *nicht* → Armee
flauta *f* Flöte *f*
● *nicht* → Flaute

Vorbemerkungen

In die Hauptgruppe wurden 2. auch solche «falschen Freunde» aufgenommen, bei denen zwar eine inhaltliche Übereinstimmung in einer oder mehreren Bedeutungen vorliegt, bei denen sich aber auch nicht wenige Bedeutungen der deutschen oder spanischen LE nachweisen lassen, die von der betreffenden formal (weitgehend) identischen zielsprachigen LE nicht abgedeckt werden können.

Wir haben — ohne Anspruch auf Vollständigkeit — auch solche LE — partielle FF — aufgenommen, weil aus der Existenz eines weitgehend formal gleichlautenden zielsprachigen Äquivalents für *eine* Bedeutung der ausgangssprachigen LE irrtümlich geschlußfolgert werden könnte, daß diese im Deutschen deutlich als Fremd- oder Lehnwort empfundene LE (gleicher Herkunft, also gleicher Etymologie) unterschiedslos als vollwertige inhaltliche Entsprechung auch für weitere Bedeutungen der ausgangssprachigen LE herangezogen werden könnte.

Beispiele für partielle Bedeutungsübereinstimmung und partielle Abweichungen:

agregado	1. *Pol*, *Dipl* Attaché *m* 2. *Tech* Aggregat *n* 3. *Math* Fazit *n* 4. Zugabe *f*
aterrorizar *tr*	1. *jmdn.* erschrecken 2. *übertr* ⟨terrorisieren⟩
cálculo *m*	1. Rechnung *f*, Berechnung *f*, Kalkulation *f* 2. *Math*, *Log* ⟨Kalkül *n*⟩ 3. *Med* Nieren-, Gallen-, Blasenstein *m*

Es fällt auf, daß im Deutschen relativ häufig eine striktere Gebrauchssphärenbeschränkung des Lehn- oder Fremdwortes und damit auch eine Bedeutungseinschränkung gegenüber der spanischen LE vorliegt. Während im Spanischen z. B. «apendicitis» als Fachwort der Medizin auch als übliche Bezeichnung in der Umgangssprache fungiert, ist «Appendizitis» als medizinischer Fachterminus in seinem Gebrauch im Deutschen deutlich eingeschränkt; als allgemeinsprachliche Bezeichnung wird «Blinddarmentzündung» bevorzugt.

Auch in den Fällen, in denen wir keine nähere Gebrauchssphärenangabe vornehmen konnten, sollte beachtet werden, daß die «falschen Freunde» im Deutschen zweifellos stärker als Fremdwörter empfunden und möglicherweise erst von einer bestimmten (höheren) Bildungsstufe an passiv beherrscht oder gar aktiv verwendet werden. Im Spanischen dagegen ist die Diskrepanz zur Allgemeinsprache — zumindest bei den LE, die auf ein lateinisches Ursprungswort zurückgehen — wesentlich geringer, wenn nicht gar in vielen Fällen überhaupt nicht nachweisbar. Dies hat zur Folge, daß nicht wenige partielle «falsche Freunde» im Deutschen durch eine z. T. deutlich geringere Gebrauchsfähigkeit gegenüber den entsprechenden spanischen LE charakterisiert sind, so daß für den Sprachgebrauch Vorsicht beim Umgang mit solchen formal und inhaltlich kongruierenden LE angeraten scheint und oftmals der Rückgriff auf die erbwörtliche Entsprechung kommunikativ-stilistisch angemessener ist.

Die Hauptgruppe der «semantischen» FF enthält 3. auch solche LE, die vom deutschsprachigen Benutzer als Lehnwort aus dem Lateinischen, Französischen, Englischen usw. erkannt werden, im Spanischen jedoch nicht als erbwörtliche LE oder als Entlehnung (auch nicht in entsprechender morphologisch-phonetischer Adaptation) existieren. Solche LE sind im Wörterbuch mit einem Sternchen gekennzeichnet. Dabei nehmen die Entlehnungen aus dem Latein auch hier die Spitzenstellung ein.

Abitur* *n*   bachillerato *m*
Adressat* *m* 1. *von Briefen* destinatario *m* 2. *von Waren* consignatario *m*
brisant*   1. *Tech* explosivo 2. *hochaktuell* de gran actualidad

Vorbemerkungen

Es liegt in dem jeweils spezifischen genetischen Verhältnis des Spanischen und des Deutschen zum Latein begründet, daß sich diese besondere Art von FF gehäuft im deutschspanischen Teil findet.

Wesentlich seltener sind im deutschen Wortschatz LE französischen oder englischen Ursprungs, denen keine formal weitgehend identische spanische LE entspricht. Verschwindend gering sind die LE, die — obwohl anscheinend aus dem Spanischen selbst ins Deutsche entlehnt — im Spanischen zumindest nicht in der gleichen Wortart und/oder gleichen Bedeutung vorkommen.

Desperado *m* ≠ desesperado *Part* oder *Adj*
Bravo *m* ≠ bravo *Adj*

An die deutsch-spanischen und spanisch-deutschen Hauptteile mit den «semantischen» FF im vorstehend präzisierten weiteren Sinn schließen sich in jeweils getrennten Aufstellungen (ebenfalls in alphabetischer Reihenfolge der deutschen und spanischen Stichwörter) solche «strukturell-formalen» FF an, die bei (weitgehend) gleicher Bedeutung Unterschiede hinsichtlich ihrer Form (Morphologie, Orthographie und Betonung) sowie hinsichtlich des Genus aufweisen. Dabei berücksichtigen wir, daß beide Benutzergruppen gleichermaßen durch die jeweilige muttersprachliche formale Struktur (morphologische Beschaffenheit, orthoepische Gestalt, einschließlich Betonung, die im Deutschen durch Fettdruck des jeweiligen Vokals oder Diphthongs typographisch gekennzeichnet wird) zu unkorrekter (schriftlicher wie mündlicher) Zeichenverwendung verführt werden können, so daß bei seltener gebrauchten LE über den Einfluß der Fremdsprache selbst für die korrekte Schreibung (seltener Betonung) in der Muttersprache Probleme auftreten können. Schnelle Aufklärung bei Verunsicherung vermag hier das Nachschlagen in den morphologischen, orthographischen, Genus- oder Betonungslisten zu erbringen. Für die morphologischen und orthographischen «falschen Freunde» wurde im übrigen der Versuch angestellt, anhand der vorliegenden Korrespondenzen gewisse reguläre Entsprechungen zu postulieren, wobei wir uns des Umstandes wohl bewußt sind, daß noch vertiefte statistische Analysen erforderlich gewesen wären, um die angegebenen «Regularitäten» als die eindeutig dominierenden Entsprechungen nachzuweisen. Zum Teil konnten im Zusammenhang mit der Liste der morphologischen regulären Entsprechungen auch gewisse «reguläre» Abweichungen hinsichtlich der Betonungsstelle (z. B. *dt.* -graph, *span.* -grafo, also unmittelbar vor diesem Suffix betont) festgehalten werden. Durch solche stillschweigenden Vorgaben konnte die ohnehin recht beträchtliche Anzahl von formal abweichenden «falschen Freunden» auf diejenigen eingeschränkt werden, die der postulierten «Regularität» (vgl. die Übersicht S. 19) nicht entsprechen.

Beispiele für LE, die sich als strukturelle «falsche Freunde» unterscheiden:

1. hinsichtlich ihrer *morphologischen Beschaffenheit* = morphologische «falsche Freunde»
   ateo *Adj* − atheistisch; lexikalisch − léxico, lexical; synchron − sincrónico

2. hinsichtlich der *Orthographie* = orthographische «falsche Freunde»
   Amnestie − amnistía; Kuli − coolí; Diktatur − dictadura

3. hinsichtlich ihrer *Betonung*, was vorrangig für den mündlichen Sprachgebrauch (so auch beim Dolmetschen), aber auch (in geringerem Maße als Akzentsetzung) für die schriftliche Realisation von Bedeutung ist
   Orgie − orgía; Infamie − infamia

(Bei zweisilbigen LE wurde auf die Kennzeichnung der Tonsilbe im Deutschen verzichtet, und die Kenntnis der überschaubaren Betonungsregeln des Spanischen wurde vorausgesetzt.)

Eine gesonderte Liste umfaßt schließlich die FF mit Genusunterschieden (grammatisches Geschlecht), wobei nur der Unterschied Maskulinum/Neutrum auf der einen und Femininum auf der anderen Seite, nicht also Abweichungen dt. Neutrum − span. Maskulinum verzeichnet wurden.

Gruppe *f* − grupo *m*; garaje *m* − Garage *f*

Nicht gesondert aufgelistet, wohl aber verzeichnet wurden Rektionsunterschiede (*dt. tr* etw. abonnieren − *span. intr* suscribirse a algo *bzw.* abonarse a algo) und Numerusunterschiede (*dt.* Praktikum − *span.* prácticas *f/Pl*).

Es liegt auf der Hand, daß eine nicht geringe Zahl von formalen «falschen Freunden» gleichzeitig in mehreren Listen erscheinen könnte, so z. B. bloqueo *m* − Blockade *f*, anonimato *m* − Anonymität *f* in den Listen Genusunterschied und Morphologie. Wir haben uns jedoch in der Regel dafür entschieden, daß die lexikalischen Einheiten nur in eine Liste aufgenommen werden (leitet sich doch z. B. der Genusunterschied aus morphologischen Abweichungen ab) und alle jene LE nicht nochmals als formale FF ausgewiesen werden sollten, die in der Hauptliste aufgeführt sind. Subjektive Entscheidungen waren in einigen Fällen − insbesondere bei der Zuordnung zur morphologischen und/oder orthographischen Liste − nicht zu vermeiden. Bei der Erfassung der formalen FF konnte ebenso wenig Vollständigkeit angestrebt werden wie bei den semantischen FF im Hauptteil.

Das Wörterbuch enthält «falsche Freunde», die dem modernen allgemeinsprachlichen Wortschatz beider Sprachen, aber auch ausgewählten Fachsprachen angehören. Es wurden aber auch einige ältere oder aufgrund unterschiedlicher sozialer Bedingungen nur oder vorrangig in bestimmten Kommunikationsgemeinschaften vorkommende LE sowie einige LE aufgenommen, für die regionale Spezifika nachweisbar sind (vorrangig Österreich, wobei wir solche ausschließlich regional gebräuchlichen LE, wie beispielsweise Traffik ≠ tráfico nicht berücksichtigt haben). Grundlage für die Auswahl war die Durchsicht verschiedener kleiner und großer ein- wie zweisprachiger Wörterbücher der deutschen und spanischen Sprache; es wurden außerdem eigene Sammlungen aus modernen Tageszeitungen, Erfahrungen aus der Unterrichtspraxis sowie das vorliegende Wörterbuch von H. Kühnel und Publikationen ausgewählter «falscher Freunde» in der Zeitschrift «Fremdsprachen» herangezogen.

Besondere Schwierigkeiten bereitete in einigen Fällen hinsichtlich der spanischen LE die Entscheidung darüber, ob diese in der betreffenden Bedeutung im gesamten spanischsprachigen Raum gebraucht werden, ob sie zu einem überregionalen, etwa lateinamerikanischen Standard gehören bzw. ob sie eine räumlich enger beschränkte Verwendung finden. Dabei soll die Angabe *Cu* (= Kuba) nicht besagen, daß diese LE nicht auch in der gleichen Bedeutung in weiteren Ländern Lateinamerikas verbreitet sein kann, sondern die kubanischen Mitautoren wollten hier eine spezifische Verwendungsweise der betreffenden LE herausstellen, die häufig in den stärker am Spanischen der Halbinsel orientierten einsprachigen Wörterbüchern nicht verzeichnet ist.

Jede Sprache entwickelt sich unter dem Einfluß mannigfaltiger kommunikativer und sozio-ökonomischer Zwänge weiter; davon sind auch die «falschen Freunde» nicht ausgenommen, so daß — z. B. unter dem Einfluß anderer Sprachen — die lexikalischen Einheiten eine weitere, bislang nicht zulässige oder nur lokal begrenzt mögliche Bedeutung annehmen, d. h., daß partielle «falsche Freunde» zu LE werden, die in allen Bedeutungen kongruieren, also nicht mehr als «falsche Freunde» zu betrachten sind, und «falsche Freunde» mit völlig abweichender Bedeutung zu partiellen «falschen Freunden» werden können. Die Entscheidung darüber, ob es sich noch um einen partiellen «falschen Freund» oder bereits um keinen «falschen Freund» mehr handelt bzw. ob tatsächlich noch eine totale Bedeutungsdivergenz vorliegt, wird im Spanischen durch den Umstand erschwert, daß ein sachkundiges Urteil über die Gültigkeit und Gebrauchshäufigkeit der in spanischen einsprachigen Wörterbüchern vermerkten oder aber eben nicht registrierten spezifisch regionalen Bedeutungs- oder Bezeichnungsverwendung in den meisten Fällen nicht möglich war.

Mit unserem „Kleinen Wörterbuch der «falschen Freunde»", das keinen Anspruch auf Vollständigkeit erhebt, hoffen wir, all jenen Benutzern, die die deutsche und spanische Lexik noch sicherer beherrschen möchten, ein bescheidenes Hilfsmittel in die Hand geben und sie zu weiterführenden eigenen Nachforschungen und einem noch bewußteren Herangehen an die Erlernung und den Gebrauch der Fremdsprache sowie an die Übersetzung anregen zu können. Für Hinweise aller Art, die zur Verbesserung dieses kleinen Wörterbuchs führen könnten, gilt allen Nutzern unser Dank im voraus.

Herzlich danken wir den Herren Prof. Dr. phil. habil. Johannes Klare, Berlin, und Helmut Kühnel, Leipzig, die durch wertvolle Hinweise in ihren Gutachten zur Vervollkommnung der vorliegenden Sammlung beigetragen haben, sowie nicht zuletzt Frau Regina Männel, Leipzig, für die verständnisvolle und sachkundige redaktionelle Bearbeitung.

Die Autoren

Auswahlprinzipien für die häufigsten strukturellen «falschen Freunde»

Wörter mit orthographischen Besonderheiten

Es erfolgte Aufnahme, wenn Abweichungen vorliegen gegenüber den im folgenden postulierten «Regularitäten»:

Deutsch	Spanisch	Beispiele für reguläre Entsprechungen
ä	e	Präludium — preludio, Prädikat — predicado
ö	e	ökonomisch — económico, Homöopath — homeópata
ü	u	Maniküre — manicura, brüsk — brusco
y	i	mystisch — místico, phylogenetisch — filogenético
ch	c (vor a, o, u u. Konsonant)	Chor — coro, Echo — eco, christlich — cristiano
	qu (vor e u. i)	Orchester — orquesta, Architekt — arquitecto
k	c (vor a, o, u u. Konsonant)	Kaffee — café, Krone — corona, Krater — cráter
	qu (vor e u. i)	Käse — queso
mph	nf	Nymphe — ninfa, Triumph — triunfo
ph	f	Philosophie — filosofía

Als regulär betrachtet wird außerdem die Reduktion aller deutschen Doppelkonsonanten auf einen spanischen Konsonanten, z. B. Masse — masa, aggressiv — agresivo.

Auswahlprinzipien

Wörter mit morphologischen Abweichungen

In die deutsch-spanische Liste wurden lexikalische Einheiten aufgenommen, wenn sie strukturell-morphologische Abweichungen gegenüber folgenden «Regularitäten» aufweisen:

Deutsch	*Spanisch*	*Beispiele für reguläre Entsprechungen*
-ade	-ada	Maskerade – mascarada
-age	-aje	Garage – garaje, Courage – coraje
-al	-al	spezial – especial, sozial – social
-ant	-ante	Dilettant – diletante, interessant – interesante
-anz	-ancia	Signifikanz – significancia, Ignoranz – ignorancia
-ar	-ario	Kommissar – comisario, Dromedar – dromedario
-är	-ario	legendär – legendario, konträr – contrario
-ase	-asis	Oase – oasis, Extase – éxtasis, Emphase – énfasis
-at	-ado	Diktat – dictado, adäquat – adecuado
-ation	-ación	Installation – instalación
-ee	-é	Komitee – comité, Frikassee – fricasé
-ell	-al	individuell – individual
-ent	-ente	dekadent – decadente, intelligent – inteligente
-enz	-encia	Korrespondenz – correspondencia

Auswahlprinzipien

Deutsch	Spanisch	Beispiele für reguläre Entsprechungen
-erie	-ería	Infanterie — infantería, Kavallerie — caballería
-et(t)	-ete *m*	Paket — paquete; Minarett — minarete, Kadett — cadete
	-eta *f, m*	Etikett — etiqueta *f*, Komet — cometa *m*, Prophet — profeta *m*; kokett — coqueta
-gen	-₋geno	Halogen — halógeno
-gon(e) *n(m)*	-₋gono *m*	Polygon — polígono; Epigone — epígono
-graph	-₋grafo	Photograph — fotógrafo
-iell	-ial	speziell — especial
-ier	-ero	Hotelier — hotelero, Portier — portero
-ieren (-iert)	-ar (-ado)	diskriminieren — discriminar, affektiert — afectado
-ifizieren	-ificar	mystifizieren — mistificar, kodifizieren — codificar
-ik	-₋ica	Mechanik — mecánica, Astronautik — astronáutica
-iker	-₋ico	Mechaniker — mecánico
-in *n*	-ina *f*	Kokain — cocaína, Hämoglobin — hemoglobina
-isch	-₋ico	idyllisch — idílico, phantastisch — fantástico
-isieren	-izar	nationalisieren — nacionalizar, analysieren — analizar
-isierung (*selten* -isation)	-ización	Internationalisierung — internacionalización

Auswahlprinzipien

Deutsch	Spanisch	*Beispiele für reguläre Entsprechungen*
-ismus	-ismo	Realismus — realismo
-ist *m*, -istisch *Adj*	-ista	Fetischist — fetichista, Internationalist/internationalistisch — internacionalista
-ität	-idad	Finalität — finalidad, Nationalität — nacionalidad
-ium *n*	-io *m*	Aquarium — acuario, Podium — podio
-iv	-ivo	aggressiv — agresivo, fakultativ — facultativo
-log[e]	-́logo	analog — análogo, Dialog — diálogo, Prolog — prólogo; Philologe — filólogo
-ös	-oso	skandalös — escandaloso, minutiös — minucioso, präziös — precioso
-ose	-osis	Apotheose — apoteosis, Osmose — osmosis
-phon/fon	-́fono	Mikrophon — micrófono; Telefon — teléfono
-soph	-́sofo	Philosoph — filósofo
-ter	-tro	Minister — ministro, Filter — filtro
-tion	-ción	Kaution — caución, Produktion — producción
-tur	-tura	Präfektur — prefectura, Investitur — investitura, Miniatur — miniatura
-us	-o	Exodus — éxodo, Obolus — óbolo, Kaktus — cacto

Auswahlprinzipien

Deutsch	Spanisch	Beispiele für reguläre Entsprechungen
Konsonant(en) im Auslaut + Nullsuffix	-o *m*	Agronom − agrónomo, Dialekt − dialecto, Infarkt − infarto, Protokoll − protocolo, Institut − instituto; pur − puro, obszön − obsceno, diffus − difuso
	-a *f*	Fest − fiesta
-e im Auslaut	-a *f*	Gilde − gilda, Legende − leyenda, Lanze − lanza

In die spanisch-deutsche Liste wurden lexikalische Einheiten aufgenommen, wenn sie strukturell-morphologische Abweichungen gegenüber folgenden «Regularitäten» aufweisen:

Spanisch	Deutsch	Beispiele für reguläre Entsprechungen
-ación	-ation	cooperación − Kooperation, integración − Integration
-ado *m*	-at	rectorado − Rektorat
Adj	-at, -iert	delicado − delikat, afectado − affektiert
-aje	-age	garaje − Garage, coraje − Courage
-al	-al, -ell	estructural − struktural/strukturell
-ancia	-anz	arrogancia − Arroganz
-ante	-ant	intrigante − Intrigant
-ar	-ieren	decretar − dekretieren, argumentar − argumentieren
-ario	-ar, -är	comisario − Kommissar, rudimentario − rudimentär

Auswahlprinzipien

Spanisch	Deutsch	Beispiele für reguläre Entsprechungen
-asis	-ase	oasis — Oase, énfasis — Emphase
-ción	-tion	función — Funktion
-é	-ee	comité — Komitee, canapé — Kanapee
-encia	-enz	insuficiencia — Insuffizienz
-ente	-ent	inteligente — intelligent, insurgente — Insurgent
-ería	-erie	infantería — Infanterie
-eta f, m, -ete m	-et(t) n, m	etiqueta f — Etikett, cometa m — Komet, profeta m — Prophet; gabinete — Kabinett
-⸳fono	-phon/fon	teléfono — Telefon, gramófono — Grammophon
-⸳geno	-gen n od Adj	halógeno — Halogen, oxígeno — Oxygen; autógeno — autogen
-⸳gono	-gon(e) n (m)	polígono — Polygon; epígono — Epigone
-⸳grafo	-graph	fotógrafo — Photograph
-⸳ica	-ik	hermenéutica — Hermeneutik
-⸳ico m	-iker	químico — Chemiker, mecánico — Mechaniker
Adj	-isch	fantástico — phantastisch
-idad	-ität	humanidad — Humanität
-ina f	-in n	teína — Tein, insulina — Insulin
-io	-ium	podio — Podium
-ismo	-ismus	fascismo — Faschismus
-ista m	-ist	internacionalista — Internationalist/internationalistisch
Adj	-istisch	

Auswahlprinzipien

Spanisch	*Deutsch*	*Beispiele für reguläre Entsprechungen*
-ivo	-iv	sucesivo − sukzessiv, impulsivo − impulsiv
-ización	-isierung (*selten* -isation)	canalización − Kanalisierung/Kanalisation
-izar	-isieren	fraternizar − fraternisieren
-⸝logo	-log[e] *m*	astrólogo − Astrologe, prólogo − Prolog
-osis	-ose	osmosis − Osmose
-oso	-ös	escandaloso − skandalös
-⸝sofo	-soph	filósofo − Philosoph
-tro	-ter	alabastro − Alabaster, ministro − Minister
-tura	-tur	miniatura − Miniatur

Deutsch-Spanisch

A

Abitur* *n* bachillerato *m*
Abiturient* *m* bachiller *m*
Abonnent *m* 1. *Tel* abonado *m* 2. *Ztgsw, Cu Tel* suscriptor *m*
abonnieren *tr* 1. *Zeitung* suscribirse a 2. *Tel, Theat* abonarse a
● *nicht* → abonar
¹**Abort** *m Toilette* retrete *m*, excusado *m*
● *nicht* → aborto
²**Abort** *m od* **Abortus** *m Med* ⟨aborto *m*⟩
Absolvent* *m* egresado *m*, graduado *m*
absolvieren *tr* 1. *Prüfung* pasar, aprobar 2. *Schule* cursar; *Studium auch* terminar
● *nicht* → absolver
Adressat* *m* 1. *von Briefen* destinatario *m* 2. *von Waren* consignatario *m*
Adresse* *f* dirección *f*, señas *f/Pl*
Affekt *m* excitación *f* fuerte, *selten* ⟨afecto *m*⟩; **ein im ~ begangenes Verbrechen** un crimen pasional
Agende *f* 1. *kath* ritual *m*; *evang* liturgia *f* 2. *Kalender der kirchl. Feste* santoral *m*
● *nicht* → agenda
Agitation *f* 1. *Pol soz Ges pos* propaganda *f, Cu auch* ⟨agitación *f*⟩ 2. *Pol kap Ges pej* ⟨agitación *f*⟩
Agitator *m* 1. *Pol soz Ges pos* propagandista *m* 2. *Pol kap Ges pej* ⟨agitador *m*⟩
Akademiker *m* 1. *allg* universitario *m*, intelectual *m* 2. *Absolvent* graduado *m* 3. *selten auch Mitglied einer Akademie* ⟨académico *m*⟩

akademisch *Adj* 1. *auf eine Akademie bezogen od zu ihr gehörig* ⟨académico⟩ 2. *Bildung* universitario

Akkord *m* 1. *Mus* ⟨acorde *m*⟩, armonía *f* 2. *mit Gläubigern selten* acuerdo *m*, arreglo *m* 3.: **im ~ arbeiten** trabajar a destajo

Akkreditiv* *n* 1. *Hdl* carta *f* de crédito 2. *Dipl* cartas *f/Pl* credenciales

akkurat* *Adj* exacto, cuidadoso, escrupuloso

Akkuratesse* *f* exactitud *f*, cuidado *m*, minuciosidad *f*

Akt *m* 1. *Mal* desnudo *m*, academia *f* 2. *Handlung, Tat* acción *f* 3. *Theat* ⟨acto *m*⟩ 4. **Geschlechts~** ⟨acto *m*⟩ carnal, coito *m*

Akte *f* 1.: **Personal~** expediente *m* [acumulativo] 2.: **Prozeß~n** actas *f/Pl* judiciales 3.: **Schluß~** ⟨acta *f*⟩ final

Aktie *f Fin* acción *f*, *meist* acciones *f/Pl*

Aktion *f* ⟨acción *f*⟩, actividad *f*; **Impf~** campaña *f* de vacunación

Aktiv *n* 1. *Gramm* voz *f* activa 2. *Arbeitsgruppe* colectivo *m* destacado, grupo *m* activo 3. *soz Ges Veranstaltung* ⟨activo *m*⟩

Aktivist *m* 1. *soz Ges* vanguardia *m, f* 2. *[politisch] zielbewußt Handelnder* ⟨activista *m, f*⟩

Alibi *n Jur* coartada *f*, *Gall* ⟨alibí *m*⟩

Allee* *f* avenida *f*, paseo *m*

Amateur *m* aficionado *m*, *selten* ⟨amateur *m*⟩
● *nicht* → amador

ambulant I. *Adj*: **~e Behandlung** *Med* tratamiento *m* ambulatorio, atención *f* médica ambulatoria, *Cu* consulta *f* externa II. *Adv* ambulatoriamente
● *nicht* → ambulante

Ambulanz *f* 1. policlínica *f*, *Cu* policlínico *m*, *selten* ambulatorio *m*, dispensario *m* 2. *selten Krankenwagen* ⟨ambulancia *f*⟩

Ambulatorium *n* policlínica *f*, *Cu* policlínico *m*, dispensario *m* *selten* ⟨ambulatorio *m*⟩; **Land~** policlínico *m* rural

Amor *m Myth* amorcillo *m*
● *nicht* → amor

amüsant* *Adj* divertido, gracioso

Antiquar *m* 1. librero *m* de ocasión *od* de viejo 2. *Antiquitätenhändler* ⟨anticuario *m*⟩

Antiquariat* *n* librería *f* anticuaria *od* de ocasión

antiquarisch* *Adv* de ocasión, de segunda mano

Apotheke* *f* botica *f*, farmacia *f*

Apparatur* *f* dispositivo *m*, conjunto *m* de aparatos

Ap[p]art[e]ment *n* 1. ⟨apartamento *m*⟩, ⟨apartamiento *m*⟩, *Span auch* piso *m*, *Mex* departamento *m* 2. *Hotel* suite *f*

Appell* *m* 1. *Mil* llamada *f*, revista *f*; **Morgen~** *Cu* matutino *m* 2. *Pol Aufruf* llamamiento *m*, llamado *m*

appellieren *intr* 1. *allg, Pol* llamar, hacer un llamamiento *od* un llamado (**an** a) 2. *Jur* ⟨apelar⟩ (**an** a), poner recurso de apelación (**an** por)

Appetit *m selten* ⟨apetito *m*⟩, apetencia *f*; **guten ~!** ¡buen provecho!; **~ auf etw. haben** tener deseos de comer algo

Applikation *f* 1. *Anwendung* utilización *f*, ⟨aplicación *f*⟩ 2. *Kleider-, Wäscheschmuck* bordado *m* 3. *Päd* láminas *f/Pl*

apportieren *tr von Hunden* traer, cobrar
● *nicht* → aportar

appretieren *tr* aderezar, aprestar, dar el presto a
● *nicht* → apretar

Aquarium *n* ⟨acuario *m*⟩ *auch Gebäude*, pecera *f*

Arboretum* *n* jardín *m* botánico

Armatur *f Mech* ⟨armadura *f*⟩, armazón *f*

Armee *f* ejército *m*, fuerzas *f/Pl* armadas
● *nicht* → armada

Arrangement* *n* arreglo *m*, disposición *f*

arrangieren* *tr* 1. arreglar, componer, disponer 2. *Fest* organizar

Arrestant* *m* detenido *m*
Art *f* forma *f*, modo *m*
● *nicht* → arte
Artist *m* artista *m* circense, acróbata *m*
● *nicht* → artista (*allg*)
Artistik* *f* acrobacia *f*, arte *f* circense
artistisch *Adj* circense, acrobático
● *nicht* → artístico
Assistenz *f* 1. ⟨asistencia *f*⟩, colaboración *f* 2. *Hochsch*: **eine** ∼ **haben** tener un puesto *od* una plaza de asistente
Atelier *n* 1. *Maler, Bildhauer, Schneider* taller *m* 2. *Film, TV* estudio *m*
Attest* *n* certificado *m* [médico]
Auktion* *f* subasta *f*
Auktionator* *m* subastador *m*
Aula *f* 1. *in Universitäten* anfiteatro *m*, *Span* paraninfo *m* 2. *Hochsch, Schulen* ⟨aula *f*⟩ magna
Automatik* *f* 1. *automatische Arbeitsweise* automatismo *m* 2. *automatische Einrichtung* dispositivo *m* automático, autómata *m*
● *nicht* → automática

B

bagatellisieren* *tr* dar poca importancia a
Balance *f* equilibrio *m*; **die** ∼ **halten** mantener *od* quedar en equilibrio
● *nicht* → balance, balanza
Ball *m* 1. *Fuß*∼, *Rugby* balón *m* 2. *Tennis, Hockey* pelota *f* 3. *Tanzveranstaltung* baile *m*
● *nicht* → bala

Ballast* *m Flugw, Mar* lastre *m*, carga *f* inútil
Banane *f allg* plátano *m*, *selten* ⟨banana *f*⟩, *Am auch* banano *m*
¹Band *n* 1. *Tech* cinta *f* 2. *Stoff*~ cordón *m*, cordel *m*, cuerda *f* 3.: ~e *Pl* lazos *m/Pl* 4. *Muskel* ligamento *m*
● *nicht* → banda
²Band *m* tomo *m*, volumen *m*
● *nicht* → banda
³Band *f Mus* conjunto *m od* grupo *m* musical, ⟨banda *f*⟩ [musical]
bandagieren* *tr* vendar
Bandagist* *m* fajista *m*, ortopedista *m*
Banderole *f* precinta *f*, anillo *m*, *Cu auch* sello *m*
● *nicht* → banderola
Bankrotteur *m* bancarrotista *m*, comerciante *m* arruinado, quebrado *m*, fallido *m*
Bar *f* 1. *Nacht*~ cabaré *m od* cabaret *m*, night-club *m*, *Cu* club *m* 2. *allg* ⟨bar *m*⟩
Barkeeper* *m* barman *m*, cantinero *m*
Baronesse *f* baronesita *f*
● *nicht* → baronesa
Bassin* *n* 1. pila *f*, pilón *m* 2. *Schwimm*~ piscina *f*
Beefsteak *n* 1. *Boulette* hamburguesa *f* 2. *Steak* ⟨biftec *m*⟩, *Cu auch* bisté *m*, *Arg* bife *m*
Belletristik* *f* bellas letras *f/Pl*, literatura *f* amena
belletristisch* *Adj* literario, novelístico
Benzin *n Kfz* gasolina *f*, *Arg* nafta *f*
● *nicht* → bencina (*Chem*)
Beton *m* hormigón *m*, *Cu auch* concreto *m*
● *nicht* → betún
Bilanz *f* balance *m*
● *nicht* → balanza
bilanzieren* *tr* hacer [el] balance de
● *nicht* → balancear, abalanzar

bigott *Adj* beato, santurrón
● *nicht* → bigote
Bigotterie* *f* beatería *f*, mojigatería *f*
Billiarde *f* mil billones *m/Pl*, millón *m* de millones
● *nicht* → billarda
blamabel* *Adj* penoso, vergonzoso, embarazoso
Blamage* *f* vergüenza *f*, embarazo *m*
blamieren* *tr* poner en ridículo, ridiculizar; **sich** ~ hacer el ridículo, quedar *od* caer en ridículo
blondieren* *tr Haar* teñirse de rubio
Blondine* *f* rubia *f*
Bonbon *n, m* confite *m*, caramelo *m*, dulce *m*
● *nicht* → bombón
Bonbonniere *f* caja *f* de bombones
● *nicht* → bombonera
Bonus *m* gratificación *f*
● *nicht* → bono
Bord *m* 1. *Mar, Flugw* ⟨bordo *m*⟩; **~wand** *f* borda *f*
botanisieren *tr* herborizar, ⟨botanizar⟩
Bouillon *f* caldo *m*, consomé *m*
● *nicht* → bullón
brav *Adj* 1. *Kind* educado, bueno, atento, amable 2. *bieder* honrado 3. *tapfer veralt* valiente
● *nicht* → bravo
bravo! ¡bravo!, *Span* ¡olé!
Bravo *m gedungener Mörder* bandido *m*, asesino *m*
● *nicht* → bravo *Adj*
Brigadier *m* 1. *soz Ges* jefe *m* de brigada 2. *Mil Brigadegeneral veralt* ⟨brigadier *m*⟩
brisant* *Adj* 1. *Tech* explosivo 2. *hochaktuell* de gran actualidad
Brisanz* *f* explosividad *f*, fuerza *f* explosiva
Broiler* *m Kochk* pollo *m* [frito]
Brünette* *f* morena *f*, trigueña *f*

Budget* *n* presupuesto *m*
Büro *n* 1. oficina *f*, despacho *m* 2.: **Reise~** agencia *f* de viajes 3.: **Polit~** ⟨buró *m*⟩ político

C

Campus *m* ⟨campus *m*⟩, ciudad *f* universitaria
● *nicht* → campo
Cellist* *m Virtuose* violonc[h]elista *m*
Cello* *n im Orchester* violonc[h]elo *m*
Chemisett *n* pechera *f*, camisola *f*
● *nicht* → camiseta
Clique* *f* pandilla *f*, camarilla *f*
Code *m* código *m*
● *nicht* → codo
Conferencier *m* anunciador *m*, animador *m*
● *nicht* → conferenciante, conferencista
Couch* *f* sofá-cama *m*
Cour* *f feierlicher Empfang* ceremonia *f*, recepción *f*
Cousin* *m* primo *m*

D

Daten *Pl* 1. *Angaben* informaciones *f/Pl*, ⟨datos *m/Pl*⟩ 2. *Pl von* **Datum**
Datum *n* fecha *f*, *Jur selten* data *f*
● *nicht* → dato
Dedikation *f* dedicatoria *f*, *selten* ⟨dedicación *f*⟩
delikat *Adj* 1. *Speise* rico, sabroso, exquisito 2. *übertr* ⟨delicado⟩

3 «Falsche Freunde» Deutsch u. Spanisch

Delikatesse *f* 1. algo exquisito 2. *Kochk* plato *m* exquisito, plato *m* fino
● *nicht* → delicadeza, delicadez
Demission *f* dimisión *f*, renuncia *f*
● *nicht* → demisión
demokratisch *Adj* 1. *allg* ⟨democrático⟩ 2. *Partei, Person* demócrata
Demonstrant* *m* manifestante *m*
Demonstration *f* 1. *allg Beweisführung* ⟨demostración *f*⟩ 2. *Pol* manifestación *f*, mitin *m*, acto *m*; *Massenkundgebung* concentración *f* masiva 3. *Marsch* desfile *m*
demonstrieren I. *intr Pol* hacer manifestaciones, protestar, desfilar II. *tr Log, allg vorführen* ⟨demostrar⟩
Demontage* *f* 1. *Pol, Mil* desmantelamiento *m* 2. *Arch* demolición *f*
demontieren *tr* ⟨desmontar⟩, desarmar, desmantelar
deplaciert *Adj* impropio, fuera de lugar, *selten* ⟨desplazado⟩
Deponie* *f* depósito *m* de basura, vertedero *m*
Deputat *n* parte *m*, porción *f*
● *nicht* → diputado
desavouieren* *tr selten* desautorizar; *Lügen strafen* desmentir
Desinformation* *f* 1. *Ausbleiben einer Information* carencia *f od* falta *f* de información 2. *Fehlinformation* mala información *f*
desinformieren* *tr* informar mal
desinformiert* *Adj* mal informado
Desinteresse* *n* falta *f* de interés, indiferencia *f*, *selten* ⟨desinterés *m*⟩
Desperado *m Pol* aventurero *m*, ultraradical *m*, extremista *m*
● *nicht* → desesperado
Dessert *n* postre(s) *m(Pl)*, sobremesa *f*
● *nicht* → desierto

Devise f 1. *Wahlspruch* divisa f, lema f, consigna f 2. *Fin*: ~n *Pl* divisas f/*Pl*
● *nicht* → devisa

Dezernat* n negociado m, sección f

Diagnose f *Med* 1. *Handlung* ⟨diagnosis f⟩ 2. *Befund* diagnóstico m

Diät f 1. *Med* régimen m 2. *allg* ⟨dieta f⟩

Diluvium n 1. *Geol* época f diluviana 2. *allg* época f del deshielo
● *nicht* → diluvio

Dirigent m director m de orquesta
● *nicht* → dirigente

Disharmonie* f 1. disonancia f, cacofonía f 2. *übertr* desavenencia f

Diskant* *Mus* tiple m

Disko f, *Abk für* **Diskothek** 1. *Span* discoteca f 2. *Cu* dancing-light m
● *nicht* → disco

Dissertation f tesis f de doctorado, *Cu* tesis f de candidatura (= ~A), tesis f de doctorado (= ~B)
● *nicht* → disertación

distanzieren *tr im Wettkampf* dejar (**jmdn.** a alg.) atrás; **sich** ~ ⟨distanciarse⟩ (**von** de)

Diversion f *Pol* actividad f de zapa, *Neol* ⟨diversionismo m⟩
● *nicht* → diversión

Doktor m 1. *Arzt* médico m, ⟨doctor m⟩; **Herr** ~! *Anrede* ¡doctor! 2. *akadem. Titel, Abk* **Dr.** ⟨doctor m⟩ (*Abk* Dr., Dra.); *als Anrede in Cu nur bei Ärzten u. Juristen sowie bei* Dr. sc./Dr. habil, *wenn im Deutschen* «Professor» *gebraucht wird*; **Dr. med.** ⟨doctor m⟩ en medicina; **Dr. oec.** candidato m a doctor en ciencias económicas

Dom m *Arch* catedral f
● *nicht* → domo

Drachen *m* 1. *Myth* dragón *m* 2. *Papier* cometa *f*, *Antillen, Mex* papalote *m*
dragieren *tr Pharm* cubrir con sabor agradable
● *nicht* → dragar
Dramatik *f* 1. *Studienobjekt* dramaturgia *f*, ⟨dramática *f*⟩ 2. *literarisches Genre* poesía *f* dramática; 3.: **die ~ der Situation** *übertr* lo dramático de la situación
Dramatiker *m* dramaturgo *m*, escritor *m* dramático, autor *m* de dramas *od* dramático
Dramaturg *m Film, Theat, TV* asesor *m* literario, director *m* artístico [de un teatro], asesor *m* dramático
drastisch *Adj* 1. *Med, allg* ⟨drástico⟩, eficaz 2. *übertr* sugestivo, convincente 3. *umfassend, tiefgreifend* brusco, profundo
Dressur* *f* adiestramiento *m*, amaestramiento *m*
Dublette *f* 1. doble *m* 2. *Ling* ⟨doblete *m*⟩
Duktus* *m* carácter *m* de la letra
düpieren* *tr fam* engañar, embaucar
Dur *n Mus* (tono *m*) mayor
● *nicht* → duro
Dynamik *f* 1. *Mech* ⟨dinámica *f*⟩ 2. *übertr, Phil* dinamismo *m*

E

effektiv *Adj* 1. *wirksam* eficaz 2. *tatsächlich* ⟨efectivo⟩
effektivieren* *tr* hacer más efectivo
Eklat* *m* escándalo *m*, sensación *f*
eklatant* *Adj* 1. *offenkundig* manifiesto, evidente 2. *aufsehenerregend* extraordinario, sensacional
Elaborat *n* 1. *pej Machwerk* mamarracho *m* 2. *neutral Ausarbeitung* trabajo *m*
● *nicht* → elaborado
Elan* *m* brío *m*, ímpetu *m*, entusiasmo *m*

Elektromagnet* *m* electroimán *m*
Elemente *n/Pl* 1. ⟨elementos *m/Pl*⟩ 2. *Grundbegriffe* conceptos *m/Pl* 3. *pej Personen* individuos *m/Pl*
emeritieren* *tr* declarar emérito, jubilar
emeritiert *Adj in den Ruhestand versetzt* retirado, *veralt* ⟨emérito⟩
Emeritus* *m* profesor *m* emérito *od* jubilado
Emigrant *m* 1. *Pol* refugiado *m*, emigrado *m* 2. exiliado *m*
● *nicht* → emigrante
en gros* *Adv* al por mayor
en passant* *Adv* de paso
Ensemble *n* 1. *Theat meist* conjunto *m*, elenco *m* artístico 2. *Mus allg* grupo *m* 3. *Mode* conjunto *m*, ⟨ensemble *m*⟩ 4. *Gesamtheit* totalidad *f*
epochal* *Adj* que hace época
Epos* *n* epopeya *f*, poema *m* épico; **mittelalterliches Helden~** cantar *m* de gesta
Equipage *f veralt* carruaje *m*
● *nicht* → equipaje
eruieren* *tr* 1. *Wiss* explorar, averiguar 2. *polizeilich* pesquisar
Estrade *f* 1. *Veranstaltung* espectáculo *m* artístico 2. *Podium* ⟨estrado *m*⟩, palco *m*
Etage* *f* piso *m*
Etat *m Fin* presupuesto *m*
● *nicht* → estado
Ethos *n* ética *f*
exerzieren *intr Mil* ejercitar
● *nicht* → ejercer
Exitus *m Med* fallecimiento *m*
● *nicht* → éxito
exkommunizieren* *tr* excomulgar
Exkurs* *m* digresión *f*
Exmatrikulation* *f* 1. *Hochsch* baja *f* 2. *als Strafe* expulsión *f*

exmatrikulieren

exmatrikulieren* *tr* 1. *Hochsch* dar de baja a 2. *als Strafe* expulsar

exmittieren *tr aus Wohnung* desahuciar
● *nicht* → emitir

Expander* *m Sport* fortalecedor *m*, extensor *m*

Expedient *m* 1. *Am Hdl* despachante *m*, expedidor *m* 2. *Post* remitente *m*
● *nicht* → expediente

explodieren *intr* 1. *Gall* ⟨explotar⟩, estallar, volar, hacer explosión 2. *platzen* reventar

Exponat* *n* producto *m* exhibido *od* expuesto

extemporieren* *intr Theat* improvisar, hacer morcillas

extra *Adv* 1. *außerdem* en suplemento 2. *gesondert* aparte, por separado, ⟨extra⟩ 3. *speziell* especialmente, expreso

exzerpieren* *tr Buch* extractar

Exzerpt* *n* extracto *m*, papeleta *f*

F

Fabrikat* *n* artículo *m* manufacturado, producto *m* industrial, artefacto *m*

fair* *Adj* decente, en regla; ∼ **spielen** jugar limpio

Fakt* *m* hecho *m*, suceso *m*

faktisch* *Adv* 1. *tatsächlich* efectivamente, de hecho 2. *praktisch* prácticamente

Falsifikat* *n* falsificación *f*, objeto *m* falsificado

Falte *f* 1. *pliegue m*; **Bügel**∼ doblez *m* 2. *Gesichts*∼ arruga *f*
● *nicht* → falta

Farm* *f* granja *f* agrícola, *Mex, SAm* hacienda *f*, *MAm, Cu* finca *f*, *Pe* estancia *f*

Farmer* *m* propietario *m* de una granja *od* finca, hacendado *m*

Fasson* *f* 1. *allg* forma *f* 2. *Bekleidung* hechura *f*
fatal *adj* 1. *peinlich* penoso 2. *verhängnisvoll* ⟨fatal⟩
Faux pas* *m* desliz *m*, lapsus *m*, *pop* plancha *f*
Fazit* *n* resultado *m*
Ferien *Pl* vacaciones *f/Pl*
● *nicht* → feria
Figur *f* 1. *Mus, Rhet* ⟨figura *f*⟩, tropo *m* 2. *Form* forma *f* 3. *Körperwuchs* talla *f*, estatura *f* 4. *Schach* pieza *f*
Film *m* 1. *Kino~*, *Foto* película *f*, *selten* ⟨filme *m*⟩ 2. *Kunstgattung u. Kollektivbegriff* cine *m*; **die Stummfilmzeit** la época del cine mudo; **Woche des kubanischen ~s** semana *f* del cine cubano
Filmothek *f* cinemateca *f*, ⟨filmoteca *f*⟩
Filou* *m* pillo *m*
fingieren *tr* ⟨fingir⟩, simular; **fingierter Name** nombre *m* supuesto; **fingierter Wechsel** letra *f* ficticia; **fingierter Wert** valor *m* ficticio *od* supuesto *od* imaginario
Finte *f* 1. *Fechtk* ⟨finta *f*⟩ 2. *übertr* ardid *m*, truco *m*, maña *f*
fix* I. *Adj fam* 1. *flink* ligero, pronto, rápido 2. *geschickt* ágil, diestro 3.: **~e Idee** idea *f* fija, obsesión *f* II. *Adv*: **~!** ¡pronto!
Flaute *f* 1. *Hdl* calma *f*, poca animación *f*, estancamiento *m* 2. *Mar* calma *f*
● *nicht* → flauta
Flor *m* 1. *Stoff* crespón *m*, velo *m*, gasa *f* 2. *Blüte, auch übertr, selten* florecencia *f*
● *nicht* → flor
florieren *intr* 1. *übertr* florecer, estar en flor, prosperar 2. *Bot blühen* ⟨florar⟩
Florist *m* *Blumenzüchter* floricultor *m*
● *nicht* → florista
Flöte *f* flauta *f*
● *nicht* → flota

Foliant* *m* libro *m od* tomo *m*, infolio *m*
Fonds *m* ⟨fondos *m/Pl*⟩, capitales *m/Pl*
Fontäne *f* fuente *f*, surtidor *m*, ⟨fontana *f*⟩
forcieren *tr* 1. *allg* acelerar, reforzar; *auf die Spitze treiben* extremar 2. *Mil seltener Hindernis* ⟨forzar⟩
Fort *n Mil* fortín, ⟨fuerte *m*⟩
Fraktion *f Parl* grupo *m* parlamentario
● *nicht* → fracción
Fraktur *f* 1. *Chir* ⟨fractura *f*⟩ 2. *Typ* letra *f* gótica 3.: **mit jmdm. ~ reden** decirle cuatro verdades a alg.
frappant* *Adj* notable, sorprendente, chocante
frappieren* *tr* sorprender, *fam* chocar
Friseur* *m* peluquero *m*, barbero *m*
frisieren* *tr* 1. *Haar* peinar [en peluquería] 2. *übertr Bericht* retocar, florear
Frisur* *f* peinado *m*, tocado *m*
frivol *Adj* 1. *leichtfertig* ⟨frívolo⟩, ligero, superficial 2. *schamlos, frech* ⟨frívolo⟩, atrevido 3. *schlüpfrig* lascivo, *pop* sicalíptico
Fuge *f* 1. *Tech* unión *f*, juntura *f*, ensambladura *f* 2. *Med* comisura *f* 3. *Mus* ⟨fuga *f*⟩
fundieren *tr* 1. *allg, Log* fundamentar, ⟨fundar⟩ 2. *Hdl* comanditar, fusionar
● *nicht* → fundir
fundiert *Adj* fundado
● *nicht* → fundido
Fundus *m* 1. *Grund(lage)* base *f* 2. *Bestand* inventario *m* 3. *Theat Kostümbestand* vestuario *m*
● *nicht* → fondo
fungieren *intr* actuar, trabajar, oficiar (**als** de), *Mex, Am* ⟨fungir⟩ (**als** como)
Furage *f Mil Verpflegung* provisiones *m/Pl*, aprovisionamiento *m*
● *nicht* → forraje

G

Galerist* *m* propietario *m* de una galería [de arte]

Garderobe *f* 1. *Kleidung* ropa *f*, vestidos *m/Pl* 2. *Theat Kleiderabgabe* ⟨guardarropa *m*⟩, ropero *m* 3. *Theat Kleiderbestand* guardarropía *f*

Garnitur* *f* 1. *Unterwäsche* ropa *f* interior 2. *Satz zusammengehörender Waren selten* surtido *m* 3.: **erste (zweite)** ∼ *Sport* deportistas de 1ª (2ª) categoría

Gasse *f* 1. callejón *m* 2.: **eine** ∼ **bilden** formar dos filas
● *nicht* → gasa

Gastronom *m* 1. trabajador *m* de la gastronomía 2. *selten Feinschmecker* ⟨gastrónomo *m*⟩

Gaze *f* ⟨gasa *f*⟩, malla *f*, tela *f* metálica

Gazette *f pej* periodicucho *m*
● *nicht* → gaceta

Generalität *f* generales *m/Pl*, generalato *m*

generell I. *Adj* 1. *allgemein* ⟨general⟩, universal 2. *die Gattung betreffend* genérico II. *Adv* generalmente, en general, en su conjunto

Genie *n* 1. *Geisteskraft* ingenio *m* 2. *Genius, Person* ⟨genio *m*⟩, hombre *m* genial

Genitalien *f/Pl* partes *f/Pl* [genitales], ⟨genitales *m/Pl*⟩

Geste *f* gesto *m*
● *nicht* → gesta

Gestik *f* gestos *m/Pl*, gesticulación *f*

glasieren* *tr* barnizar

Glasur* *f* 1. *Emaille* esmalte *m* 2. *Töpfer* ∼ vidriado *m* 3. *Firnis* barniz *m*

Glossar *n* 1. *Vokabelverzeichnis* vocabulario *m* 2. *Erläuterungen älterer od. dialektaler Wörter* ⟨glosario *m*⟩

Gouvernante *f* institutriz *f*
● *nicht* → gobernante

Gradation f 1. *Tech Einstellung nach Graden* ⟨graduación f⟩ 2. *Ling Abstufung* ⟨gradación f⟩ 3. escala f
Granate f *Mil* ⟨granada f⟩, obús m
● *nicht* → granate
Grandezza f 1. *Größe, Würde, Macht* ⟨grandeza f⟩ 2. *hoheitsvolles Benehmen* gravedad f, dignidad f
Graphik f 1. *Kunst* artes f/Pl gráficas 2. *einzelnes Kunstblatt, Tech* ⟨gráfica f⟩, *auch* ⟨gráfico m⟩
Graphiker m dibujante m
● *nicht* → gráfico
grassieren* *intr Epidemie u. übertr* extenderse, reinar, hacer estragos, prevalecer
Gratulant m felicitante m, ⟨congratulante m⟩
Gratulation f felicitación f, ⟨congratulación f⟩
gratulieren *intr* 1. felicitar, dar la enhorabuena, dar el parabién (*zu* por) 2. *feierlich veralt* ⟨congratular⟩
Gymnasiast m alumno m [de un gimnasio], estudiante m, colegial m
● *nicht* → gimnasta

H

Habilitation f *Hochsch Span* oposición f a una cátedra universitaria; **Habilitationsschrift** f *Cu* tesis f de doctorado
● *nicht* → habilitación
habilitieren, sich *allg* ser recibido en el cuerpo docente, *Span etwa* hacer oposición a una cátedra, *Cu* hacer el doctorado
● *nicht* → habilitarse
habilitiert *Adj* recibido en el cuerpo docente, *Cu* doctor en …
● *nicht* → habilitado

Habitus *m* 1. *Aussehen* aspecto *m*, exterior *m* 2. *Haltung* actitud *f*, porte *m*
● *nicht* → hábito
Halle *f* 1. *Hotel* vestíbulo *m*, lobby *m* 2.: **Messe**~ pabellón *m*; **Markt**~ mercado *m* cubierto *od* bajo techo
hallo! *Interj* ¡hola!, *Tel* ¡oiga! *od* ¡oigo!
Harmonika *f* acordeón *m*; **Mund**~ ⟨armónica *f*⟩ de boca
Hasardeur* *m* 1. *Glücksspieler* jugador *m* 2. *Abenteurer* aventurero *m*
Haschee* *n Kochk* picadillo *m*
Hektik *f* apuro *m*, *fam* correcorre *m*, *Cu umg* trajín *m*, hecticismo *m*
● *nicht* → hectiquez
hektisch *Adj* inquieto, vertiginoso, febril
● *nicht* → héctico, hético
hektographieren* *tr* mimeografiar
Honorar *n* honorarios *m/Pl*; ~**professor** *m* profesor *m* asociado
horrend *Adj* 1. tremendo. enorme 2. *Preis* exorbitante
● *nicht* → horrendo
Hospitation* *f* control *m* de clase
hospitieren* *intr* asistir a un curso *od* a las clases, *Cu* efectuar un control de clase
Humoreske* *f* 1. *Lit* novela *f* humorística, cuento *m* chistoso 2. *Mus* pieza *f* musical humorística
Hydrant *m Tech* boca *f* de incendio *od* de fuego, *Cu* ⟨hidrante *m*⟩

I

ignorieren *tr* 1.: **jmdn.** ~ *nicht beachten* pasar por alto a alg., no tratar con alg., no hacerle caso a alg. 2.: **etw.** ~ fingir *od* querer no ver *od* conocer algo, hacer caso omiso de algo, *selten* ⟨ignorar⟩

imponieren *intr* impresionar, dejar [preñada] impresión en, infundir respeto a, *seltener* ⟨imponer⟩

Import *m* importación *f*

● *nicht* → importe

Impressum* *n Typ* pie *m* de imprenta

Index *m* ⟨índice *m*⟩, catálogo *m*, sumario *m*

Infanterist* *m* soldado *m* de infantería

inklusiv[e] *Adv* ⟨inclusive⟩, incluso; ∼ **Kosten** *od* **Spesen** gastos incluídos

Inserat* *n* anuncio *m*, aviso *m*

Inserent* *m* anunciante *m*, avisador *m*

inserieren* *intr* anunciarse, poner *od* insertar un anuncio

Inspizient* *m* inspector *m*

Instrumentarium* *n* instrumental *m*, instrumentos *m/Pl*

Intelligenz *f* 1. ⟨inteligencia *f*⟩ 2. *soziale Schicht* intelectuales *m/Pl* 3. *bes. Verstandeskraft* intelecto *m*

Intendant *m* 1. *Mil* ⟨intendante *m*⟩ 2. *Theat* director *m* general

intensiv *Adj* 1. *stark, nachhaltig* intenso 2. *konzentriert* ⟨intensivo⟩

Internat *n* ⟨internado *m*⟩, colegio *m* de internos, *Span* colegio *m* mayor, *Cu auch* residencia *f* estudiantil, albergue *m*, beca *f*

Interview *n* entrevista *f*, *selten* ⟨interviú *f*⟩

intim *Adj* 1. ⟨íntimo⟩ 2.: ∼ **mit jmdm. verkehren** *allg, Jur* tener trato carnal con alg.; ∼**e Beziehungen** relaciones *f/Pl* carnales *od* íntimas

Intimus* *m selten* amigo *m* íntimo

investieren *tr* invertir

● *nicht* → investir

irrelevant* *Adj* 1. de poca importancia, sin importancia 2. *Ling* no pertinente, *selten* impertinente

irritieren *tr* 1. *etw., jmdn.* ⟨irritar⟩, molestar 2. *fam jmd. od etw. jmdn.* desconcertar, confundir

J

Jacket* *n* americana *f*, *Am* saco *m*
Jalousie* *f* persiana *f*
Journaille* *f* 1. *pej Ztgsw* prensa *f* sensacionalista 2. *Personen* canalla *f* periodística
Journalismus* *m* periodismo *m*
Journalist* *m* periodista *m*
Journalistik* *f* periodismo *m*
journalistisch* *Adj* periodístico
Jubilar *m* el que festeja [su cumpleaños], festejado *m*
● *nicht* → jubilar
Jubiläum *n* aniversario *m*, fiesta *f* conmemorativa
● *nicht* → jubileo
junior* joven
¹**Jura** *m* 1. *Gebirge* ⟨Jura *m*⟩ 2. *Erdzeitalter* formación *f* jurásica
● *nicht* → jura
²**Jura** *n/Pl* derecho *m*; ~ **studieren** estudiar derecho, cursar leyes
juristisch *Adj* jurídico; ~**e Fakultät** Facultad *f* de Derecho
Juror* *m Mitglied einer Jury* miembro *m* del jurado, jurado *m*, *f*
justieren *tr Tech einstellen* ajustar
Justitiar* *m* consultor *m* jurídico, síndico *m*

K

Kabarett *n Kleinkunstbühne* teatro *m* satírico
● *nicht* → cabaret
Kabarettistin* *f* artista *f* del teatro satírico
Kabine *f* 1. *Mar* camarote *m* 2. *Tel* ⟨cabina *f*⟩; 3. *Bade* ~ caseta *f*

Kabinett *n* 1. *Kunst, Pol* ⟨gabinete *m*⟩ 2. *Sprach*∼ laboratorio *m* de idiomas

Kaffee *m Frucht, Getränk* café *m*; *ohne Zusatz Span* café *m* solo; ∼ **komplett** café *m* con crema *od* con leche

Kakao *m* 1. *Frucht* ⟨cacao *m*⟩ 2.: ∼ **trinken** tomar chocolate

Kandidat *m* 1. *allg, Pol* ⟨candidato *m*⟩ 2.: ∼ **des Politbüros** *soz Ges* miembro *m* suplente del buró político

kandidieren *intr* presentar *od* aceptar una candidatura

Kanon *m* ⟨canon *m*⟩
● *nicht* → cañón

Kapazität *f* 1. *hervorragender Fachmann* eminencia *f*, experto *m* 2. *Fassungs-, Leistungsvermögen* ⟨capacidad *f*⟩

Kapelle *f* 1. *Kirche* ⟨capilla *f*⟩; **Wallfahrts**∼ santuario *m* 2. *Mus* orquesta *f*, banda *f* de música

Kapital *n Hdl* ⟨capital *m*⟩, fondos *m/Pl*
● *nicht* → capital *f*

Kapitel *n* 1. ⟨capítulo *m*⟩ 2. *Dom*∼ cabildo *m*
● *nicht* → capital

Kapitulant* *m Mil* reenganchado *m*

Kappe *f* gorra *f*, boina *f*; *Tech* capucha *f*, capuchón *m*
● *nicht* → capa

Kardinal *m* 1. cardenal *m* 2.: ∼**zahlen** *f/Pl* números *m/Pl* cardinales
● *nicht* → cardinal

Kargo *m* carga *f*
● *nicht* → cargo

Karrierismus* *m* arribismo *m*

Karrierist *m* arribista *m*, advenedizo *m*
● *nicht* → carrerista

Karte *f* 1. *Eintritts*∼ entrada *f*, localidad *f* 2. *Post*∼ tarjeta *f* [postal] 3. *Visiten*∼ tarjeta de visita *od* de presentación 4. *Speisen*∼ lista *f od* ⟨carta *f*⟩ de platos, *Cu* menú *m* 5. *Spiel*∼ naipe *m*, ⟨carta *f*⟩ 6. *Geogr* mapa *m*, *seltener* ⟨carta *f*⟩

Karthothek* f archivo m, fichero m, registro m

Karton m 1. *Behältnis* caja f, cajón m 2. *Material* ⟨cartón m⟩, cartulina f

Kassette f 1. *Schmuck* ~ cajita f, joyero m 2. *Recorder* ⟨cassette m⟩
● *nicht* → caseta

kassieren tr 1. *Geld* cobrar 2. *Jur Urteil* anular, concelar, ⟨casar⟩

Kaution f 1. *Jur Bürgschaft* fianza f, garantía f; **gegen** ~ bajo fianza 2. *Hdl* consignación f 3. *Geschäftseinlage* aportación f, ⟨caución f⟩

Klassizität* f clasicismo m, carácter m clásico

Klausur f *Prüfung* prueba f [intrasemestral] final

Klaviatur* f *Mus* teclado m

Klavier* n piano m

Klosett n *fam* servicios m/Pl, retrete m, excusado m, *Am* baño m
● *nicht* → closet

koalieren* intr *Pol* coligarse

Kode m código m
● *nicht* → codo

Kodex m código m

Koffer m maleta f, valija f
● *nicht* → cofre

Kollaborateur m colaboracionista m
● *nicht* → colaborador

Kolleg n 1. *Vorlesung* conferencia f, curso m 2. *Gebäude, Körperschaft* ⟨colegio m⟩

kollegial I. *Adj* 1. de colegas, fraternal; ⟨colegial⟩ 2.: ~e **Beschlüsse** acuerdos m/Pl colectivos II. *Adv*.: ~ **handeln** obrar como compañeros

kollidieren* intr 1. *räumlich* chocar (**mit** contra), entrar en colisión 2. *zeitlich* coincidir

Kolonist *m* colono *m*, agricultor *m*
Komik *f* lo cómico, fuerza *f* cómica
● *nicht* → cómica
komisch *Adj* 1. extraño, raro, insólito 2. *Theat* ⟨cómico⟩
Kommilitone* *m* camarada *m od* compañero *m* de estudios
Kommunalwahlen* *f/Pl* elecciones *f/Pl* municipales
kommunizieren *intr* 1. *Rel* recibir la comunión, comulgar 2. *Tech, allg* ⟨comunicar⟩ [se]
Kompagnon* *m Hdl* socio *m*
komparativ* *Adj Ling*: ~e **Grammatik** gramática *f* comparada
Kompaß *m Mar* brújula *f*, ⟨compás *m*⟩
Kompliment *n* 1. enhorabuena *f*; ~e **machen** decir piropos 2. *Artigkeit* cortesía *f*, cumplido *m*
● *nicht* → complemento, cumplimiento
kompositorisch* I. *Adj* relativo a la composición II. *Adv* en lo que respecta la composición
Kompott *n* frutas *f/Pl* en almíbar, conserva *f* de frutas
● *nicht* → compota
Konditor* *m* 1. *Zuckerbäcker* confitero *m*, dulcero *m* 2. *Kuchenbäcker* pastelero *m*, repostero *m* 3. *Besitzer einer Konditorei* propietario *m* de una confitería *f od* dulcería *f*
Konditorei* *f* confitería *f*, pastelería *f*, dulcería *f*
kondolieren *intr* dar *od* expresar el pésame
● *nicht* → condolerse
Kondukt *m* cortejo *m* fúnebre
● *nicht* → conducto
Konfekt* *n* confites *m/Pl*, bombones *m/Pl*
Konfektion *f* 1. ⟨confección *f*⟩ 2. *Kleidung* prenda *f* de vestir
konferieren *intr selten* ⟨conferir⟩, conferenciar, tratar (**mit jmdm. über etw.** con alg. sobre algo)
● *nicht* → conferir *tr*

Konfession f culto m [profesado por ...], religión f
● *nicht* → confesión
Konfitüre f 1. ⟨confitura f⟩; **Erdbeer~** jalea f de fresa
kongruent *Adj* 1. *Zahl, geometrische Figur* ⟨congruente⟩ 2. *Fläche* coincidente
kongruieren* *intr Math* coincidir
Konjunktiv m *Gramm* subjuntivo m, *selten veralt* ⟨conjuntivo m⟩
Konkurrent m competidor m
● *nicht* → concurrente
Konkurrenz f 1. *Wettbewerb* competencia f 2. *~unternehmen* casa f competidora
● *nicht* → concurrencia
konkurrieren *intr* competir (**mit** con), hacer la competencia (**mit** a)
● *nicht* → concurrir
Konkurs m quiebra f, bancarrota f; **~ anmelden** declararse en quiebra; **in ~ sein** estar en quiebra
● *nicht* → concurso
Konsens m 1. consentimiento m, permiso m 2. *Pol* ⟨consenso m⟩
konservativ *Adj Pol* conservador
● *nicht* → conservativo
Konspekt* m 1. *Verzeichnis* catálogo m 2. *Inhaltsangabe* resumen m
konstatieren *tr* comprobar, hacer constar, dejar constancia de, cerciorarse de, *Gall* ⟨constatar⟩
konsumieren *tr* ⟨consumir⟩, gastar
● *nicht* → consumar
Kontor* n oficina f, despacho m, agencia f; casa f de negocios
Kontorist* m empleado m de negocio, dependiente m, oficinista m
Kontrahent* m 1. *Jur Vertragschließender* contratante m 2. *Gegner* adversario

kontrastiv *Adj* 1. ⟨contrastivo⟩ 2.: ~**e Linguistik** *auch* lingüística *f* diferencial

Kontur *f* contorno *m*, perfil *m*

Konvention *f* 1. convenio *m* 2. *Jur, Pol* tratado *m* 3. *Gesch* ⟨convención *f*⟩

Konvikt *n* 1. pensión *f* 2. *Stift* seminario *m*
● *nicht* → convicto

Konzept *n* 1. *Entwurf* borrador *m* 2. *Skizze* esbozo *m* 3. *erste Fassung* primera versión *f* 4.: **jmdn. aus dem** ~ **bringen** confundir a alg.; **aus dem** ~ **kommen** desconcertarse
● *nicht* → concepto

Konzeption *f* concepto *m*, idea *f*, anteproyecto *m*, esbozo *m*
● *nicht* → concepción

Korona *f* 1. *Zuhörerschaft* auditorio *m*; **fröhliche** ~ corro *m* 2. *Astr* ⟨corona *f*⟩

Korporal *m Mil* sargento *m*
● *nicht* → corporal

Korrespondent *m* 1. *Ztgsw* corresponsal *m*; **Sonder**~ *meist* enviado *m* especial 2. *Hdl* empleado *m*, encargado *m* de la correspondencia

Korridor *m* 1. *allg* pasillo *m* 2. *Pol* ⟨corredor *m*⟩

Kosmetikerin* *f* especialista *f* en belleza

Kostüm* *n* traje *m*; **Faschings**~ disfraz *m*

Kotelett* *n* costilla *f*, chuleta *f*

Kriminal|polizei *f* policía *f* judicial; ~**roman** *m* novela *f* policíaca

kulant* *Adj* complaciente, generoso, indulgente

Kulanz* *f* generosidad *f*, complacencia *f*, indulgencia *f*

Kulisse* *f* bastidor *m*

Kuratorium* *n* consejo *m od* junta *f* de administración

Kurier* *m* 1. *Bote* mensajero *m* 2. *Ztgsw* correo *m*

kurios *Adj* raro, extraño, singular, bizarro 2. *selten* ⟨curioso⟩

Kurs *m* 1. *Lehrgang* seminario *m* 2. *Pol* orientación *f*, línea *f* 3. *Fin* ⟨curso *m*⟩

Kursant* *m*, **Kursist*** *m* *Kursteilnehmer* participante *m* de un curso

L

Labor *n* laboratorio *m*
● *nicht* → labor

Laborant* *m* asistente *m* de laboratorio

laborieren *intr* sufrir (**an einer Krankheit** una enfermedad), padecer (**an de**)
● *nicht* → laborar

Lafette* *f Mil* cureña *f*

Lama *n Zool* llama *f*
● *nicht* → lama

lapidar *Adj* escueto, conciso, sucinto; **Lapidarstil** estilo *m* ⟨lapidario⟩

Lappalie* *f* bagatela *f*, pequeñez *f*

Larve *f* 1. *Insekten* ⟨larva *f*⟩ 2. *Maske* antifaz *m*, máscara *f*

lasieren* *tr Tech* barnizar

Lasur* *f* barniz *m*

Laterne* *f* 1. *Straßen*~ farol *m* 2. *Hand*~ linterna *f* 3. *Schiffs*~ fanal *m*

Latte *f* 1. *Dach* ⟨lata *f*⟩ 2. *Zauns*~ ripia *f*, estaca *f* 3.: **eine [lange]** ~ **sein** ser un hombre grandote

lavieren* *intr* 1. *Mar* bordear; *kreuzen* barloventear 2. *übertr Umschweife machen* andar con rodeos 3. *Zugeständnisse machen* pactar, transigir

Lazarett *n* hospital *m* militar
● *nicht* → lazareto

4*

legieren *tr* 1. *Metalle* aliar, ⟨ligar⟩, mezclar 2. *Suppe* espesar 3. *Jur* ⟨legar⟩
Legitimation *f* 1. *Jur* ⟨legitimación *f*⟩ 2. *Ausweis* carné *m* de identidad, identificación *f*
Lektor *m* 1. *Hochsch* profesor *m* [contratado]; *Fremdsprachen*~ lector *m*, *sonst veralt* 2. *Verlagswesen* editor *m* 3. *soz Ges Partei* conferencista *m*, conferenciante *m*
Leutnant* *m* teniente *m*
Lexikon *n* 1. *Nachschlagewerk* enciclopedia *f* universal, diccionario *m* enciclopédico 2. *Ling* ⟨léxico *m*⟩, vocabulario *m*
Libelle *f Zool* ⟨libélula *f*⟩
● *nicht* → libelo
Limonade *f* refresco *m*
● *nicht* → limonada
Lineal *n* regla *f*
● *nicht* → lineal
lin[i]ieren* *tr Schreibpapier* rayar, hacer renglones en; *Notenpapier* pautar
Literatur *f* ⟨literatura *f*⟩; **Sekundär**~ bibliografía *f* [pasiva]; ~**kritik** *f* crítica *f* literaria
Lokal *n Gaststätte* ⟨local *m*⟩ *od* establecimiento *m* público
lukullisch* *Adj üppig* opíparo
luxuriös *Adj* lujoso
● *nicht* → lujurioso

M

Magazin* *n* 1. *Lager* depósito *m* 2. *Hdl* almacén *m* 3. *Ztgsw* revista *f* ilustrada
magazinieren* *tr* almacenar
Magistrale* *f* 1. *Hauptverkehrsstraße* avenida *f* 2. *Trasse* conductora *f* magistral

Magistrat *m allg* consejo *m* municipal, *Span* ayuntamiento *m*, *Pe* prefectura *f*
● *nicht* → magistrado
Magnet *m* 1. imán *m* 2. *übertr auch* atractivo *m* 3. *El* ⟨magneto *m*⟩, electroimán *m*
magnetisieren *tr* 1. *Eisen* imantar 2. *Person* ⟨magnetizar⟩
Makrone* *f Kochk* coco *m* almendrado
Makulatur *f* 1. *Altpapier* papel *m* viejo *od* de desecho 2. *Druck* ⟨maculatura *f*⟩
Manager *m* 1. *Sport Span* ⟨manager *m*⟩, *Cu auch* director *m* 2. *Hdl kap Ges* gerente *m*, director *m*
manipulieren* *intr* manejar (**mit etw.** algo), operar (**mit** con)
Manko *n* 1. *Hdl* déficit *m* 2. *moralisch* defecto *m*
● *nicht* → manco
Mantel *m* abrigo *m*
● *nicht* → mantel
Mappe *f* 1. *Schul*~ carpeta *f*, *Cu* maleta *f* 2. *Zeichen*~ cartera *f*
● *nicht* → mapa
Marinade* *f* escabeche *m*
marinieren *tr* escabechar, ⟨marinar⟩
Marionette *f* 1. *Theat* muñeca *f*, *allg Puppe* ⟨marioneta *f*⟩ 2. *Pol* fantoche *m*, títere *m*; **Marionettenregime** *n* régimen *m* títere
markant *Adj* destacado, señalado, marcado
markieren I. *intr umg vortäuschen*; *sich verstellen* simular, fingir, aparentar, hacerse el ... II. *tr* 1. *umg*: **den feinen Mann** ~ dárselas de fino 2. *Tech* ⟨marcar⟩
marmorieren* *tr* 1. *Papier* jaspear 2. *Mal* vetear
Maschine *f* 1. ⟨máquina⟩ *f* 2. *Lokomotive* locomotora *f* 3. *Apparat* aparato *m* 4. *Flugzeug* avión *m* 5. *Motorrad* moto *m* 6. *Kfz* motor *m*
maschinell I. *Adj* [hecho] a máquina II. *Adv* mecánicamente
● *nicht* → maquinalmente

Maschinerie *f* 1. *Tech* mecanismo *m*, ⟨maquinaria *f*⟩ 2. *Theat od übertr* tramoya *f*

Maschinist* *m* mecánico *m*

maskieren (sich) *tr (refl)* enmascarar(se), disfrazar (se)
● *nicht* → mascar

massiv *Adj* 1. *Körper* macizo, sólido, compacto 2. *übertr stark* ⟨masivo⟩

mechanisch *Adv* 1. ⟨mecánicamente⟩ 2. *übertr ohne zu überlegen* maquinalmente

Melioration *f* bonificación *f*, mejoramiento *m*

Melone *f* 1. ⟨melón *m*⟩, *mit rotem Fruchtfleisch* sandía *f*, *Wasser*~ melón *m* de agua 2. *steifer Hut* sombrero *m*, hongo *m*

memorieren *tr* aprender de memoria, memorizar

Mensa* *f Hochsch* comedor *m* universitario *od* estudiantil

Metropole *f* capital *f*, ⟨metrópoli *f*⟩; **Handels**~ centro *m* comercial, gran emporio *m*

Militär *n* soldados *m/Pl*, tropas *f/Pl*, ⟨militares *m/Pl*⟩

Milliarde* *f* mil millones *m/Pl*

mobil *Adj* 1. *umg munter* alegre, vivo 2. *beweglich, auch Mil* ⟨móvil⟩

Moderne* *f Kunst* modernismo *m*, estilo *m* moderno

modisch *Adj* a la moda, según la moda
● *nicht* → módico

Modus *m* 1. *Gramm, Mus, allg* ⟨modo *m*⟩ 2. **Austragungs**~ *Sport* modalidad *f*

mokant* *Adj* burlón

Moment *n* 1. factor *m* 2. *Phys, Psych* ⟨momento *m*⟩

monieren *tr Fehler* censurar, criticar
● *nicht* → monear

Monstranz* *f Rel* custodia *f*

Monteur *m* 1. *Kfz* mecánico *m* 2. *El* electricista *m*, instalador *m* 3. *Tech* ajustador *m*, montador *m*

Montur *f veralt* 1. *Mil* uniforme *m* 2. *Dienstkleidung* librea *f*
● *nicht* → montura
Motorik* *f Biol* motricidad *f*
Motto *n* lema *m*, divisa *f*
● *nicht* → moto
museal* *Adj* de museo
musikalisch *Adj* 1. *Musik betreffend* musical 2. *Musik verstehend* músico
musisch *Adj* relativo a las musas
● *nicht* → músico
musizieren* *intr* hacer música

N

naiv* *Adj* ingenuo, cándido, candoroso, crédulo
Naive* *f Theat* ingenua *f*
Naivität * *f* ingenuidad *f*
Narkose *f Med* anestesia *f*, *selten* ⟨narcosis *f*⟩
narkotisieren *tr* anestesiar, ⟨narcotizar⟩
Natron* *n* sosa *f*, óxido *m* de sodio
Naturalien* *f/Pl* productos *m/Pl* de la naturaleza *f od* agrícolas
naturell *Adj Kochk* sin condimentos, ⟨natural⟩
Negativ *n Foto* negativo *m*
● *nicht* → negativa
Nekrolog *m Nachruf* necrología *f*, nota *f* necrológica
nett *Adj* gentil, amable
● *nicht* → neto
Nippes* *Pl*, **Nippsachen** *f/Pl* bibelots *m/Pl*, figurillas *f/Pl*, chucherías *f/Pl*, baratijas *f/Pl*
Nonne *f Rel* monja, *f*, religiosa *f*
● *nicht* → nona

Note f 1. *Schule, Mus, Dipl* ⟨nota f⟩ 2.: **Bank**~ billete m 3.: **persönliche** ~ estilo m
Notiz f 1. *Zeitung* ⟨noticia f⟩ 2. *schriftlich* apunte m; *Bemerkung* nota f, anotación f; **sich ~en machen** tomar notas, hacer apuntes 3.: ~ **nehmen von** hacer caso de
Novelle f ⟨novela f⟩ corta, noveleta f
● *nicht* → novela
Numerale* n *Gramm* adjetivo m numeral

O

Obduktion* f autopsia f
Objekt n 1. *Projekt* ⟨objeto m⟩ 2. *Grundstück* terreno m; *Gebäude* edificio m; *Anlage* instalación f, complejo m 3. *Gramm* complemento m 4.: **Jugend**~ *soz Ges* obra f de choque de la juventud
Oblate f 1. *Backwerk* oblea f; *Waffel* barquillo m 2. *Rel* hostia f
obligat *Adj* 1. *allg* obligatorio, de rigor 2. *Mus* ⟨obligado⟩
Obus m trolebús m
● *nicht* → obús
Ökonom m 1. *Wirtschaftswissenschaftler* economista m 2. *veralt Verwalter* ⟨ecónomo m⟩
okulieren* *tr Landw* injertar [en escudete]
Olympiade f 1. *Olympische Spiele* juegos m/Pl olímpicos, *seltener* ⟨olimpíada f⟩ 2. *im Altertum Zeitspanne zwischen Olympischen Spielen* ⟨olimpíada f⟩ 3. *nationale Massenwettbewerbe soz Ges*: **Russisch**~ olimpíada f de ruso
Olympionike* m 1. participante m en la olimpíada 2. *Olympiasieger* campeón m olímpico
Omelett* n tortilla f

Omen* *n* presagio *m*, pronóstico *m*; **ein böses ~ sein** ser de mal agüero

operativ *Adj* 1. *Chir* quirúrgico; *auf das Operieren bezogen* operatorio 2. *unbürokratisch handelnd* ⟨operativo⟩

Opponent *m Hochsch* opositor *m*, contraponedor *m*, *Cu* ⟨oponente *m*⟩ [en las defensas]

opponieren *intr* ⟨oponerse⟩ (**gegen** a), hacer la oposición (**gegen** a)

Orangerie* *f* 1. *Treibhaus* invernáculo *m*, invernadero *m* de naranjos 2. *Garten* naranjal *m*

Orden *m* 1. *Rel* ⟨orden *f*⟩ 2. *Ehrenzeichen* condecoración *f*, ⟨orden *f*⟩ *nur in Verbindung mit Ordensbezeichnungen*
● *nicht* → orden *m*

ordinär *Adj* 1. *unanständig* grosero, vulgar 2. *alltäglich, trivial* ⟨ordinario⟩

Ordinariat* *n veralt Hochsch* cátedra *f*

Organ *n* 1. *Med, Ztgsw* ⟨órgano *m*⟩ 2. *Pol* organismo *m* [del estado], institución *f*

Ornamentik* *f* ornamentos *m/Pl*, adornos *m/Pl*

Ornat* *m* 1. *selten weltlich* uniforme *m*, traje *m* oficial *od* de ceremonias 2. *geistlich* ornamentos *m/Pl* sacerdotales; **Priester im ~** sacerdote *m* [re]vestido

ostentativ *Adj* 1. *offensichtlich* ostensible 2. *herausfordernd* ostensivo 3. *drohend* amenazador
● *nicht* → ostentativo

Oval *n* ⟨óvalo *m*⟩; **Stadion~** pista *f*, estadio *m*

P

Palette *f* 1. *Mal* ⟨paleta *f*⟩ 2.: **eine breite ~** una amplia gama de

Pamphletist* *m* libelista *m*

panieren *tr Kochk* rebozar, empanar, *Cu auch* empanizar
Papa *m* papá *m*
● *nicht* → papa
Pappe *f Karton* cartón *m*, cartulina *f*
● *nicht* → papa
Paprika* *m* 1. pimiento *m* picante, ají *m*
Parade *f* 1. *Mil* desfile *m*, *selten* ⟨parada *f*⟩ 2. *Fechtk* ⟨parada *f*⟩
Parallele *f* 1. *Geom* ⟨paralela *f*⟩ 2. *übertr* ⟨paralelo *m*⟩
parat* *Adv*: etw. ~ **haben** tener algo disponible
parieren I. *tr* 1. *Fechtk* ⟨parar⟩, quitar, atajar 2. *Pferd* ⟨parar⟩, detener II.: *intr fam gehorchen* obedecer
● *nicht* → parir
Parkett *n* 1. *Theat*, *Kino* platea *f* 2. *Fußboden* ⟨parquet *m*⟩, parqué *m*
Parlamentarier *m* diputado *m* al parlamento
● *nicht* → parlamentario
Parole *f* 1. *Mil* consigna *f*, contraseña *f*, santo y seña *m* 2. *übertr* lema *m*
● *nicht* → parola
Partie *f* 1. *Heirat* casamiento *m*, *Gall* ⟨partido *m*⟩ 2. *Spiel*, *Schach* ⟨partida *f*⟩; *Fußball* ⟨partido *m*⟩ 3. *Teil* parte *f* 4. *Theat* papel *m* 5. *Ausflug* excursión *f*; **Land**~ ⟨partida *f*⟩ de campo
partout* *Adv umg unbedingt* cueste lo que cueste, contra viento y marea
Parvenü *m* arribista *m*, advenedizo *m*, *seltener* ⟨parvenu *m*⟩
Paß *m* 1. *Ausweis* pasaporte *m* 2. *Gebirgs*~ ⟨paso *m*⟩
● *nicht* → pase
Passant *m* transeúnte *m*, peatón *m*
● *nicht* → pasante
Passiva *Pl Hdl* pasivo *m*
Passus *m Textstelle* pasaje *m*; *Absatz* párrafo *m*
● *nicht* → paso

Pastete* f pastel m, empanada f

patent *Adj umg* 1. *tüchtig* inteligente, valiente 2. *praktisch* práctico, excelente, estupendo
● *nicht* → patente

patentieren *tr* ⟨patentar⟩, conceder una patente por, registrar una patente por; [sich] etw. ~ lassen sacar *od* obtener una patente por algo
● *nicht* → patentizar

Patience f *Kartenspiel* solitario m; ~n legen hacer solitarios
● *nicht* → paciencia

Patrone f cartucho m
● *nicht* → patrona

pausen *tr* calcar
● *nicht* → pausar

pausieren *intr* 1. hacer *od* tomar una pausa, descansar 2. *Mus* ⟨pausar⟩, observar las pausas

Pekinese m perr[it]o m pequinés
● *nicht* → pequinés

penibel *Adj* 1. *peinlich genau* minucioso 2. *sorgfältig* cuidadoso, meticuloso 3. *empfindlich* delicado
● *nicht* → penable

Pension f 1. *Ruhestand*: in ~ gehen jubilarse, *Cu auch* retirarse 2. *Fremdenheim* ⟨pensión f⟩ 3. *Ruhegehalt* ⟨pensión f⟩

Pensum* n 1. *Arbeits*~ trabajo m, tarea f 2. *Schulaufgaben* deberes m/Pl, *Cu* tarea f

peroral* *Adj, Adv* por vía bucal *od* oral

Perron m *veralt* 1. *Plattform* plataforma f 2. *österr Bahnsteig* andén m
● *nicht* → perrón

Persianer m astracán m
● *nicht* → persiana

persiflieren* *tr* parodiar

Person f 1. *allg, Jur* ⟨persona f⟩; Angaben zur ~ datos m/Pl *od* señas f/Pl particulares 2. *Theat* personaje m

Personalien *f/Pl* señas *f/Pl* personales *od* particulares, datos *m/Pl* personales

petto *Adv*: **etw. in ~ haben** tener preparado *od* en reserva algo
● *nicht* → peto

phantasieren 1. *im Traum sprechen* hablar durmiendo 2. *im Fieber sprechen* delirar 3. *spinnen* dejar correr la imaginación, ⟨fantasear⟩

Phantast* *m* 1. soñador *m* 2. *Pol* utopista *m*

Phantom *n* ilusión *f*, visión *f*, fantasma *m*

pikiert *Adj* indignado, ofendido; **sich ~ fühlen** darse por aludido
● *nicht* → picado

Pionier *m* 1. *Mil* gastador *m*, zapador *m* 2. *übertr Bahnbrecher* precursor *m* 3. *übertr Neuland erschließend* ⟨pionero *m*⟩, colono *m* 4. *soz Ges Mitglied einer ~organisation* ⟨pionero *m*⟩

Pistole *f* 1. ⟨pistola *f*⟩ 2.: **Maschinen~** ametralladora *f*, fusil *m* automático

placieren* *od* **plazieren*** *tr allg*, *Hdl* colocar, ubicar; **sich ~** *bes Sport* situarse, ocupar uno de los primeros puestos

Plakat* *n* affiche *m*, anuncio *m*, cartel *m*

Plakette *f* 1. placa *f* conmemorativa 2. *Münze* medalla *f*
● *nicht* → plaqueta

Plan *m* 1. *Pol*, *Geogr* ⟨plan *m*⟩ 2. *Absicht*, *Vorhaben* intención *f*, proyecto *m*

planieren *tr* aplanar, nivelar, alisar
● *nicht* → planear

Plastik *f* 1. *Bildhauerkunst*, *Werk* escultura *f* 2. *bildhauerisches Schaffen* ⟨plástica *f*⟩

Plazet *n* aprobación *f*; **das ~ einholen** solicitar el beneplácito

plazieren ↑ **placieren**

Pleite *f fam* quiebra *f*
● *nicht* → pleito

Podest *m, n* estrado *m*, podio *m*

Podium *n* ⟨podio *m*⟩, estrado *m*; **Podiumsgespräch** *Span* coloquio *m*, *Cu* panel *m*

pointiert* *Adj* conciso, agudo
● *nicht* → punteado

Police *f* póliza *f*
● *nicht* → policía

Politur* *f* 1. pulimento *m*, brillo *m* 2. *übertr* pulidez *f*

Portier *m* ⟨portero *m*⟩, conserje *m, f*
● *nicht* → portier

Porto *n* ⟨porte *m*⟩, franqueo *m*

Porträt* *n* retrato *m*

Pose *f* 1. *Mal* postura *f*, ⟨pose *f*⟩ 2. *gezierte Haltung* actitud *f* teatral, afectación *f* 3. *beim Angeln* cañón *m* de pluma
● *nicht* → posa

Post *f* 1. ~*amt* [oficina *f* de] correos *m/Pl* 2. *Briefe* correo *m*; *Hdl* correspondencia *f*
● *nicht* → poste

Posten *m* 1. *Anstellung* ⟨puesto *m*⟩, cargo *m*, empleo *m* 2. *Menge* cantidad *f*, suma *f* 3. *Math* factor *m* 4. *Mil* guardia *m*, *Cu archaisch* posta *f*; **auf ~ stehen** montar la guardia

Potenz *f* 1. *Math, Med* ⟨potencia *f*⟩ 2.: **~en** *Pl Neol Möglichkeiten* posibilidades *f/Pl*; *Reserven* recursos *m/Pl*

potenzieren *tr steigern* multiplicar, *selten* ⟨potenciar⟩

Prädikat *n* 1. *Titel* título *m* 2. *Zensur* nota *f* 3. *Gramm* atributo *m*; *Ling, Log* ⟨predicado *m*⟩

prägnant* *Adj* expresivo, exacto, conciso

Prägnanz* *f* exactidud *f*, concisión *f*

Praktiken *f/Pl*: **dunkle ~** maquinaciones *f/Pl* solapadas, manejos *m/Pl* poco limpios, manejos *m/Pl* turbios
● *nicht* → prácticas

Praktikum *n* prácticas *f/Pl*
● *nicht* → práctico

Praline *f*, **Praliné*** *n* bombón *m*, confite *m*
Prämie *f* 1. *Hdl Versicherungs*~ prima *f* 2. *materielle Anerkennung* ⟨premio *m*⟩, *auch* prima *f*
Präparat *n* 1. *Pharm* preparación *f*, ⟨preparado *m*⟩ 2. *allg*, *bes. Hdl* producto *m*
Präsidium *n* 1. presidencia *f*, mesa *f* presidencial 2.: ~ **des Obersten Sowjets** ⟨presidium *m*⟩ del Soviet Supremo
● *nicht* → presidio
Praxis *f* 1. *Erfahrung* ⟨práctica *f*⟩ 2. *eines Arztes* consultorio *m* 3. *eines Rechtsanwalts* bufete *m*
Presse *f* 1. *Ztgsw* prensa *f* plana 2. *Tech* prensa *f*
● *nicht* → presa
prima *Adv* excelente, de primera [categoría]
● *nicht* → prima
¹**Primat** *n Vorrang* primacía *f*
● *nicht* → primate
²**Primat** *m Zool* ⟨primate *m*⟩
Primus *m* primero *m* de la clase
● *nicht* → primo
prinzipiell I. *Adj* de principio II. *Adv* por principio, desde un principio
● *nicht* → principalmente
Prise *f* 1. *z. B. Tabak* toma *f*, pulgarada *f* 2. *aufgebrachtes Schiff* ⟨presa *f*⟩, buque *m* apresado
● *nicht* → prisa
Professor *m Universitäts*~ catedrático *m auch Lehrstuhlinhaber*; **ordentlicher** ~ ⟨profesor *m*⟩ titular
Professur *f* 1. *Lehrstuhl* cátedra *f* 2. *Lehramt* profesorado *m*
profilieren*, sich *bes. Künstler* especializarse
progressiv *Adj* 1. *Math, Med* ⟨progresivo⟩ 2. *Pol* progresista
Prokurist* *m Hdl* apoderado *m*
Promille * *n* el tanto por mil
prominent *Adj* eminente
● *nicht* → prominente

Prominenz f 1. *Größe* trascendencia f 2.: **die ganze ~** todas las personalidades *od* notabilidades, la crema [de la sociedad]
● *nicht* → prominencia

Promotion f [examen m del] doctorado m; **die ~ A machen** *Cu* hacer una candidatura a doctor; **die ~ B machen** *Cu* hacer el doctorado
● *nicht* → promoción

promovieren *intr allg* doctorarse, *Span* defender la tesis, *Cu* hacer la candidatura (= Promotion A)
● *nicht* → promover

Prorektor m vicerrector m

Protokoll n 1. *Verhandlungsbericht* acta f 2. *Prozeß* ~ sumaria f, autos m/Pl 3. *Polizei* acta f, *Am* proceso m verbal 4. *Dipl* ⟨protocolo m⟩

Protokollant* m redactor m del acta, secretario m

protokollieren* *tr* hacer constar en actas, registrar, tomar acta de

Proviant* m víveres m/Pl, provisiones f/Pl [de boca]

Provision f *Hdl* comisión f; **auf ~ arbeiten** trabajar en comisión
● *nicht* → provisión

provisorisch *Adj* 1. provisional, ⟨provisorio⟩ 2. *vorübergehend* transitorio

Prozent n 1. el *od* un tanto m ⟨por ciento⟩; **~e bekommen (berechnen)** obtener (cargar) una comisión; **~e abwerfen** producir *od* devengar intereses

prozentual* *Adj* en por ciento; **~er Anteil** porcentaje m

Prozeßakten* f/Pl autos m/Pl de procesamiento

prozessieren *intr* pleitear, litigiar, seguir una causa, ⟨procesar⟩ **(gegen** contra)

Publizist m ⟨publicista m⟩, escritor m

Publizistik* f *i. w. S.* periodismo m

pulsieren *intr* 1. *Blut* ⟨pulsar⟩, latir, palpitar 2.: **pulsierender Strom** corriente *f* pulsatoria
Pumpe *f* bomba *f*
● *nicht* → pompa
punktieren *tr* 1. *Linie* ⟨puntear⟩. hacer líneas de puntos 2. *Med* hacer la punción a 3. *Mal* ⟨puntar⟩
punktiert *Adj* 1. *Mal* punteado 2. *Med* puncionado
Punktierung *f* 1. *Mus* punteo *m* 2. *Med* punción *f*
● *nicht* → puntuación
pur *Adj* 1. ⟨puro⟩, mero 2.: **durch ~en Zufall** por mera casualidad 3.: **Whisky ~** whisky *m* solo, *Cu auch* whisky straight

Q

quadrieren *tr* 1. *Math* elevar al cuadrado 2. *in quadratische Form bringen* ⟨cuadrar⟩
Quantum *n* cantidad *f*, porción *f*
● *nicht* → cuanto
Quartal* *n* trimestre *m*
Quartier* *n* *Unterkunft* alojamiento *m*, albergue *m*
Querulant* *m* querellador *m*, pleitista *m*, litigante *m*
quittieren *tr* 1. *Rechnung* dar recibo de 2.: **den Dienst ~** dimitir del cargo, renunciar al cargo; *Mil* abandonar *od* dejar el servicio 3.: **mit einem Lächeln ~** *fam* contestar con una sonrisa
● *nicht* → quitar

R

Rabatt* *m* *Hdl* rebaja *f*
Rabatte* *f* 1. *Beet* tabla *f*, arriata *f* 2. *an Uniformen* solapa *f*

rabiat* *Adj* 1. furioso 2. *rücksichtslos* brutal

radieren *tr* 1. *mit Gummi* borrar 2. *in Kupfer* grabar al agua fuerte, burilar
● *nicht* → radiar

Raffinade* *f* 1. *Verfahren* refinación *f* 2. *Produkt* azúcar *m* refinado *od* refino

Raffinesse* *f*, **Raffiniertheit*** *f* refinamiento *m*, astucia *f*

raffiniert *Adj* 1. *Zucker* ⟨refinado⟩, *Cu auch* refino 2. *schlau* vivo, astuto, fino

Rakete *f* cohete *m*
● *nicht* → raqueta

ramponiert* *Adj fam* roto, dañado, deteriorado, estropeado

Rang *m* 1. *Theat* piso *m* 2. *Mil* grado *m* 3. *allg gesellschaftlich* categoría *f*, posición *f*, ⟨rango *m*⟩

rangieren* I. *tr Schienenfahrzeug* maniobrar II. *intr einen Rang einnehmen, meist Sport* figurar (**unter** entre), colocarse (**unter** en), ubicarse (**unter** en)

Raritätenkabinett* *n* gabinete *m* de curiosidades

rasant *Adj umg sehr schnell* muy rápido
● *nicht* → rasante (*Mil*)

Rasanz* *f* rapidez *f*

Rasur* *f* 1. *Bart* afeitado *m* 2. *Tilgung* raspadura *f*

Razzia* *f Polizei* vedada *f*, batida *f*

reell *Adj* 1. *anständig, redlich* leal, honrado, probo 2. *tatsächlich, wirklich* ⟨real⟩

Referat* *n* 1. *Bericht* informe *m*, ponencia *f* 2. *Buchw Besprechung* reseña *f* 3. *Arbeitsgebiet* sección *f*

Referendar *m* licenciado *m* en derecho
● *nicht* → referendario

Referent *m* 1. *allg* ponente *m*, relator *m*, informante *m*, conferencista *m*, conferenciante *m* 2. *im Ministerium* jefe *m* de sección 3. *Ling* denotatum *m*, referencia *f*, denotado *m*
● *nicht* → referente

referieren *intr* reportar, informar (**über** sobre)
- *nicht* → referirse

Regal *n Möbel* estante *m*
- *nicht* → regalo

Regent *m* 1. *Herrscher* monarca *m*, soberano *m*, gobernante *m* 2. *stellvertretend Regierender* ⟨regente *m*⟩

Regie* *f* 1. *Theat* dirección *f* artística; *Film meist* realización *f*, dirección *f* 2. *übertr*: **in eigener** ~ por cuenta propia

Regisseur* *m Theat* director *m* de escena *od* artístico; *Film* realizador *m*, director *m* [de cine]

Register *n* 1. *Buchw* índice *m* 2. *amtlich* ⟨registro *m*⟩

Regress *m* 1. *Jur Ersatzanspruch* recurso *m* 2. *Hdl Entschädigung* indemnización *f*
- *nicht* → regreso

Regulativ* 1. precepto *m* regulador, norma *f* 2. *Verordnung* reglamento *m*

Reklame* *f* 1. *Werbung* publicidad *f*; ~ **machen** hacer propaganda 2. *Anzeigen* anuncios *m/Pl*

Rektion* *f Gramm* régimen *m*

relevant *Adj* 1. importante 2. *Ling* pertinente, ⟨relevante⟩

Relevanz* *f* 1. *Ling* pertinencia *f* 2.: **von keiner** ~ de ninguna importancia

Relikt* *n Biol* resto *m*

remis* *Adv Schach*: ~ **machen** hacer tablas

Remise* *f* cochera *f*

renommieren* *intr* jactarse (**mit** de)

Rente *f* 1. *Alters*~ retiro *m*, pensión *f*, jubilación *f* 2. *kap Ges* ⟨renta *f*⟩

reprivatisieren* *tr* reintegrar *od* devolver al sector privado

requirieren *tr veraltet Mil, Pol Behörde* requisar
- *nicht* → requerir

Requisiten* *n/Pl* 1. *Zubehör* accesorios *m/Pl*, *Cu auch* utilería *f* 2. *Mittel* instrumento *m*
- *nicht* → requisito

Reservat *n* 1. *z. B. der Indianer* reservación *f*, reserva *f* 2. *Jur selten vorbehaltenes Recht* reserva *f*

respektieren *tr* respetar
● *nicht* → respectar

Ressort *n* 1. *Verwaltungs~* sección *f*, dependencia *f*, departamento *m* 2. *Zuständigkeit* atribuciones *f/Pl*, incumbencia *f*, competencia *f*
● *nicht* → resorte

revanchieren*, sich 1. *umg sich erkenntlich zeigen* desquitarse **(für** de), demostrar su reconocimiento 2. *sich rächen* vengarse **(für** de) 3. *für Einladung* cumplir con sus compromisos

Rezensent* *m* crítico *m* [literario]

Rezension* *f* crítica *f*, reseña *f*

Ring *m* 1. anillo *m*, sortija *f*, argolla *f* 2. *Box~* ⟨ring *m*⟩

riskant* *Adj* 1. *gefährlich* arriesgado, aventurado, peligroso 2. *schwierig* difícil

Rosine* *f* [uva *f*] pasa *f*

rotieren* *intr* 1. girar 2. *zirkulieren* circular

Rouleau* *n* persiana *f*, celosía *f*

Route *f* 1. *Mar* ⟨ruta *f*⟩ 2. *Reise~* itinerario *m*, trayecto *m*

routiniert* *Adj* 1. *geschickt* hábil 2. *erfahren* versado, experimentado

Rumor *m* ruido *m*, barullo *m*
● *nicht* → rumor

S

Safe* *m* [compartimiento *m* de una] caja *f* fuerte, cámara *f* acorazada

Saison *f* temporada *f*, época *f* del año, estación *f*
● *nicht* → sesión, sazón

sakral* *Adj*: ~e **Musik** música *f* sacra

salopp* *Adj* 1. *nachlässig* desaliñado, descuidado 2. *z. B. Kleidung* poco esmerado

Salut *m Mil* salva *f*; ~ **schießen** tirar *od* hacer una salva
● *nicht* → salud

Sanguiniker* *m* persona *f* de temperamento sanguíneo

sanieren *tr* 1. *Med* ⟨sanar⟩ 2. *Gebäude, Wirtsch* ⟨sanear⟩

Sekret *n Med* secreción *f*, segregación *f*
● *nicht* → secreto

Sektion *f* 1. *Anat* autopsia *f*, disección *f* 2. *Abteilung* ⟨sección *f*⟩ 3. *Hochsch Span* departamento *m*, *DDR etwa* facultad *f*

Sekundant* *m* 1. *im Duell* padrino *m* 2. *allg übertr* asistente *m*

Semikolon* *n Gramm* punto *m* y coma *f*

seminaristisch* *Adv* en forma de seminario
● *nicht* → seminarista

senior *Adj*: **Herr López** ~ el señor López [padre]
● *nicht* → señor

separat I. *Adv* por separado, aparte II. *Adj* ⟨separado⟩, por separado

sezieren* *tr* 1. *Chir* disecar, hacer la autopsia *od* disección de 2. *übertr* analizar, examinar escrupulosamente

signalisieren *tr* señalar
● *nicht* → señalizar

signieren *tr* 1. *unterzeichnen* firmar, ⟨signar⟩ 2. *Kisten* marcar, poner una etiqueta a 3. *Buch* poner una signatura en

Skizze* *f* 1. *Mal* diseño *m*, dibujo *m* 2. *Lit, allg* bosquejo *m*; *Entwurf* esbozo *m* 3. *Mil* croquis *m*

Skribent *m* escritorzuelo *m*; *fam* chupatintas *m*
● *nicht* → escribiente

skurril* *Adj* 1. *närrisch* burlesco 2. *läppisch* necio, ridículo 3. *seltsam* extraño

soldatisch *Adj* militar, ⟨soldadesco⟩

solide *Adj* 1. ⟨sólido⟩; *Körper* fuerte 2. *gediegen, zuverlässig* ⟨sólido⟩ 3. *Charakter* serio, formal 4. *Tech* bien construido 5. *häuslich* casero 6. *Preis* razonable 7. *Verhältnisse* ordenado

sortieren *tr* 1. *ordnen* clasificar, arreglar, acomodar 2. *auslesen* separar, escoger, seleccionar
● *nicht* → surtir, sortear

spekulieren *intr* 1. *Hdl* ⟨especular⟩ (**auf** sobre), jugar a la bolsa 2. *übertr*: **auf** *od* **mit etw.** ∼ esperar algo, tener en perspectiva algo

Spirituosen* *f/Pl* bebidas *f/Pl* alcohólicas, licores *m/Pl*

Spiritus *m* 1. *Alkohol* alcohol *m* 2. *Branntwein* aguardiente *m* 3. *Weingeist* ⟨espíritu *m*⟩ [de vino]

Station *f* 1. *Eisenb, Bus* ⟨estación *f*⟩, *Cu* parada *f* 2. *Krankenhaus*: **urologische** ∼ servicio *m* urológico 3.: ∼ **machen** detenerse, *Mar* hacer escala

stationär *Adj* 1. ⟨estacionario⟩ 2.: ∼**e Behandlung** *Ggs ambulant* tratamiento *m* hospitalizado

stationieren *tr Mil* ⟨estacionar⟩; *Wache* apostar

Statist* *m Theat* figurante *m*, comparsa *m*
● *nicht* → estadista

Stativ* *n* trípode *m*, soporte *m*

statuieren* *tr*: **ein Exempel** ∼ hacer un ejemplo

Status *m* estado *m*; ∼ **quo** ⟨status⟩ quo

Stenotypistin* *f* taquimecanógrafa *f*, *Abk* taquimeca *f*

Stewardess* *f Flugw Span* azafata *f*, *Cu* aeromoza *f*; *in Fernzügen Cu* ferromoza *f*, *Schiff* hidromoza *f*

Stipendiat* *m* becario *m*

stornieren* *tr* anular, cancelar

strapaziös* *Adj* fatigoso, extenuante

summieren *tr* 1. *Math* ⟨sumar⟩ 2. *allg zusammenzählen* adicionar; **sich** ∼ acumularse, ⟨sumarse⟩

synchronisieren *tr* 1. *Bild u. Ton* ⟨sincronizar⟩ 2. *Film* doblar
Szenarium *n Film, TV* guión *m*
● *nicht* → escenario

T

Tabak *m* 1. *Pflanze* ⟨tabaco *m*⟩ 2. *Pfeifen*~ picadura *f*, tabaco *m* picado
tabellarisch* *Adj* en cuadro sinóptico, en forma de tabla *od* cuadro
Tablett *n* bandeja *f*
● *nicht* → tableta
Tablette *f* pastilla *f*, ⟨tableta *f*⟩
Taille *f* talle *m*
● *nicht* → talla
tailliert *Adj Kleidung* ajustado, entallado
Takt *m* 1. *Mus* compás *m* 2. *Feingefühl* ⟨tacto *m*⟩
taktieren* *intr eine Taktik anwenden* utilizar una cierta *od* determinada táctica, proceder de una cierta manera *od* un cierto modo
talentiert* *Adj* de [gran] talento, *fam* ⟨talentudo⟩, *bes. von jungen Leuten* aventajado
Tapete *f* papel *m* pintado; *Stoff*~ tapiz *m*
● *nicht* → tapete
Tastatur* *f* teclado *m*
Telefonat* *n* llamada *f* telefónica, *fam* telefonazo *m*
Tempo *n* 1. *Mus* movimiento *m*, compás *m*, ritmo *m*, *auch* ⟨tiempo *m*⟩ 2. *allg Schnelligkeit, Geschwindigkeit* velocidad *f*
Termin *m* 1. fecha *f*, plazo *m*, *Cu* turno *m*, *selten* ⟨término *m*⟩ 2. *Jur Verhandlungs*~ vista *f* del pleito *od* de la causa

terminieren *tr einen Termin setzen* fijar una fecha para
- *nicht* → terminar

Terror *m* 1. *Gewaltausübung* terrorismo *m* 2. *Schrecken[sherrschaft]* ⟨terror *m*⟩

Testat* *n* 1. *Bescheinigung* certificado *m* 2. *Hochsch*: **ein ~ schreiben in** pasar [un] examen de

testen *tr* probar, ensayar
- *nicht* → testar

testieren *tr bezeugen, bescheinigen* certificar, ⟨atestar⟩, atestiguar

Tirade *f* 1. *allg Wortschwall* discurso *m* interminable 2. *Lit* ⟨tirada *f*⟩

Titulatur* *f* títulos *m/Pl*; *Anrede* tratamiento *m*

Totale *f Foto* vista *f* total, panorama *m*
- *nicht* → total

Transparent *n* 1. *mit Losung* pancarta *f* 2. *durchsichtiges Bild* ⟨transparencia *f*⟩, ⟨transparente *m*⟩

Trasse *f Tech Linienführung* trazado *m*, tendido *m*, ⟨traza *f*⟩

Trend* *m* tendencia *f* general

Triole* *f* tresillo *m*

Trompete *f* 1. ⟨trompeta *f*⟩ 2. *Mil* corneta *f*; *Kavallerie~* clarín *m* 3. *Jagd~* trompa *f*

Truppe *f* 1. *Mil* ⟨tropa *f*⟩, destacamento *m* 2. *Theat* conjunto *m*, elenco *m*

Tusche* *f* tinta *f* china

U

Ultimo *m* fin *m* de mes
- *nicht* → último

unfrankiert* *Adj* sin sello, sin franqúeo

Unikat* *n Buchw* ejemplar *m* único
Unikum* *n* 1. *selten Buchw Unikat* ejemplar *m* único 2. *übertr sonderbarer Kauz* tío *m*, tipo *m* raro
● *nicht* → único

V

va banque* *Adv*: ∼ **spielen** jugar el todo por el todo
Valuta *f Fin selten* ⟨valuta *f*⟩; *fremde Währung* moneda *f* extranjera, divisa *f*
Variété *n café m* cantante, teatro *m* de variedades
● *nicht* → variedad
Vase *f* florero *m*, jarrón *m*
● *nicht* → vaso
Vehikel *n* 1. *Gramm, Biol* ⟨vehículo *m*⟩ 2. *schlechtes Fahrzeug* carricoche *m*, cacharro *m*
Ventil *n* válvula *f*
 aber: Ventilation *f* ⟨ventilación *f*⟩
 ventilieren ⟨ventilar⟩
vigilant *Adj umg* 1. *klug, umsichtig, pfiffig* circunspecto, *fam* vivo 2. *behend* activo, *fam* vivo
● *nicht* → vigilante
Visage* *f umg desp* facha *f*, rostro *m* patibulario
Visier *n* 1. *Gewehr* mir[ill]a *f* 2. *Helm* visera *f* 3. *übertr*: **mit offenem** ∼ **kämpfen** luchar abiertamente
● *nicht* → visir
Visitation *f* 1. *Jur* inspección *f*; **eine Leibes**∼ **vornehmen** practicar cacheo 2. *seltener Besichtigung* ⟨visita *f*⟩
● *nicht* → visitación
Visum *n* 1. visado *m*, *Cu* visa *f* 2. visto *m* bueno
● *nicht* → viso

Z

Zelle *f* 1. *Biol*, *Pol* célula *f* 2. *Gefängnis* celda *f* 3. *Tel* cabina *f*

Zement *m* ⟨cemento *m*⟩
● *nicht* → cimiento

zensieren *tr* 1. *tadeln* ⟨censurar⟩, criticar 2. *Päd bewerten* evaluar, clasificar, calificar, poner notas a 3. *Presse* someter a la censura
● *nicht* → censar

Zensur *f* 1. *Pol* ⟨censura *f*⟩ 2. *Päd* nota *f*, evaluación *f*, calificación *f*

Zeremoniell *n* 1. ceremonias *f/Pl*, ⟨ceremonial *m*⟩ 2. *bes. Dipl* protocolo *m*

Zigarette *f* cigarrillo *m*, *Span* pitillo *m*, *Cu* cigarro *m*

Zigarre *f Span* puro *m*, *Cu* tabaco *m*, *auch* ⟨cigarro *m*⟩

Zigarrillo *m* cigarrito *m*, *Cu* tabaquito *m*
● *nicht* → cigarrillo

Zivilist *m* 1. civil *m* 2. *Jur* estudioso *m*, conocedor *m* del derecho civil

Zyankali[um]* *n Chem* cianuro *m* de potasio

Wörter mit morphologischen Abweichungen

Abnormität *f*	anomalía *f*
Abonnement *n*	abono *m*
Abonnent *m*	abonado *m*
Abtei *f*	abadía *f*
Äbtissin *f*	abadesa *f*
Adaption *f*	adaptación *f*
adjektivisch *Adj*	adjetival
Admiral *m*	almirante *m*
Admiralität *f*	almirantazgo *m*
Advent *m*	advenimiento *m*
Agentur *f*	agencia *f*
agrammatisch *Adj*	antigramatical
akklimatisieren *tr*	aclimatar
Akklimatisierung *f*	aclimatación *f*
Akrobatik *f*	acrobacia *f*
Aktionär *m*	accionista *m*
Akzept *n*	aceptación *f*
alkalisch *Adj*	alcalino
Alkoven *m*	alcoba *f*
Alpinistik *f*	alpinismo *m*
Ampere *n*	amperio *m*
amphibisch *Adj*	anfibio
anachronistisch *Adj*	anacrónico
Analgetikum *n*	analgésico *m*
Analytiker *m*	analista *m*, analizador *m*
Anamnese *f*	anamnesia *f*
Anatom *m*	anatomista *m*
annektieren *tr*	anex[ion]ar
Anonymität *f*	anonimato *m*
anorganisch *Adj*	inorgánico

75 Wörter mit morphologischen Abweichungen

antagonistisch *Adj*	antagónico
Apologet *m*	apologista *m*
apropos *Adv*	a propósito
Aquaristik *f*	acuaricultura *f*
Archidiakon *m*	arcediano *m*
Archivar *m*	archivero *m*, archivista *m*
Arsen *n*	arsénico *m*
arteriös *Adj*	arterial
artesisch *Adj*	artesiano
Artillerist *m*	artillero *m*
Askese *f*	ascética *f*
asozial *Adj*	antisocial
assortieren *tr*	surtir
asynchron *Adj*	asincrónico
atavistisch *Adj*	atávico
Atheist *m*, atheistisch *Adj*	ateo *m*, *Adj*
Athletik *f*	atletismo *m*
atomar *Adj*	atómico
Attest *n*	atestado
Attraktivität *f*	atracción *f*
autark *Adj*	autárquico
Autogramm *n*, Autograph *n*	autógrafo *m*
autoritativ *Adj*	autoritario
Avantgarde *f*	vanguardia *f*
aztekisch *Adj*	azteca
bacchantisch *Adj*	báquico
Bai *f*	bahía *f*
Baisse *f*	baja *f*
bakteriell *Adj*	bacteriano
Balletteuse *f*	bailarina *f*
Barbarei *f*	barbarie *f*
barbarisch *Adj*	bárbaro
Binom *n*	binomio *m*
Biskuit *m*	biscocho *m*

Wörter mit morphologischen Abweichungen

Bison *m*	bisonte *m*
blasphemisch *Adj*	blasfemo
Blockade *f*	bloqueo *m*
Bolschewist *m*, bolschewistisch *Adj*	bolchevique *m*, *Adj*, bolchevista *m*, *Adj*
Bombardement *n*	bombardeo *m*
bombardieren *tr*	bombardear
Brevier *n*	breviario *m*
Brillanz *f*	brillantez *f*
Bromid *n*	bromuro *m*
buddhistisch *Adj*	budista
Chaussee *f*	calzada *f*
Chemie *f*	química *f*
Chirurg *m*	cirujano *m*
Chlorid *n*	cloruro *m*
Computer *m*	computadora *f*
Container *m*	contenedor *m*
dämonisch *Adj*	demoníaco
defekt *Adj*	defectuoso
Defraudant *m*	defraudador *m*
delektieren, sich	deleitarse
demaskieren *tr*	desenmascar
Dementi *n*	desmentida *f*
demissionieren *intr*	dimitir
demobilisieren *tr*	desmovilizar
demoralisieren *tr*	desmoralizar
Depesche *f*	despacho *m*
Depot *n*	depósito *m*
Despotie *f*	despotismo *m*
Dessin *n*	diseño *m*
Detachement *n*	destacamento *m*
dezimieren *tr*	diezmar
diktatorisch *Adj*	dictatorial
dilettantisch *Adj*	diletante

77 Wörter mit morphologischen Abweichungen

Diskont *m*	descuento *m*
diskreditieren *tr*	desacreditar
diskutabel *Adj*	discutible
Disponent *m*	disponedor *m*
Disproportion *f*	desproporción *f*
disqualifizieren *tr*	descalificar
Dompteur *m*	domador *m*
dosieren *tr*	dosificar
drakonisch *Adj*	draconiano
dubios *Adj*	dudoso
Duett *n*	dúo *m*
Effektivität *f*	eficacia *f*, eficiencia *f*
egalisiert *Adj*	igualado
Egoist *m*, egoistisch *Adj*	egoísta *m*, *Adj*
elegisch *Adj*	elegíaco
Elektriker *m*	electricista *m*
Empirie *f*	empirismo *m*
Episode *f*	episodio *m*
Eremit *f*	ermitaño *m*
Erotik *f*	erotismo *m*
Erotiker *m*	erotómano *m*
Erzdiözese *f*	arquidiócesis *f od* archidiócesis *f*
Eskalation *f*	escalada *f*
Eskimo *m*	esquimal *m*
Essay *n*	ensayo *m*
etablieren *tr*	establecer
Etui *n*	estuche *m*
Etymologe *m*	etimologista *m*
exkludieren *tr*	excluir
Exotik *f*	exotismo *m*
Experiment *n*	experiencia *f*
Export *m*	exportación *f*
Fabel *f*	fábula *f*

Wörter mit morphologischen Abweichungen 78

Faschist *m*, faschistisch *Adj*	fascista *m*, *Adj*
feudalistisch *Adj*	feudal
Feuilleton *n*	folletín *m*
Fiasko *n*	fracaso *m*
fiktiv *Adj*	ficticio
finanziell *Adj*	financiero
fiskalisch *Adj*	fiscal
florieren *intr*	florecer
folkloristisch *Adj*	folclórico
fotogen *Adj*	fotogénico
Garderobier(e) *m(f)*	guardarropa *m, f*
Genus *n*	género *m*
Geometer *m*	geómetra *m*
gigantisch *Adj*	gigante[sco]
Gouverneur *m*	gobernador *m*
grammatisch *Adj*, grammatikalisch *Adj*	gramatical
Gräzistik *f*	grecismo *m*
gruppieren *tr*	agrupar
Gymnastik *f*	gimnasia *f*
Häretiker *m*	hereje *m*
Harfenist *m*	arpista *m*
harmonieren *tr*	armonizar
harmonisch *Adj*	armonioso
Hektar *m*	hectárea *f*
herkulisch *Adj*	hercúleo
Hieroglyphe *f*	jeroglífico *m*
Historiker *m*	historiador *m*
homogen *Adj*	homogéneo
Hospiz *n*	hospicio *m*
Humanität *f*	humani[tari]smo *m*
hydrieren *tr*	hidrogenar
Hygieniker *m*	higienista *m*
hypochondrisch *Adj*	hipocondríaco

79 Wörter mit morphologischen Abweichungen

Hysterie *f*	histerismo *m*
Idiot *m*	idiota *m*
Idiotie *f*	idiotez *f*
Idiotin *f*, idiotisch *Adj*	idiota *f*, *Adj*
illoyal *Adj*	desleal
Illoyalität *f*	deslealtad *f*
Immatrikulation *f*	matrícula *f*
immatrikulieren *tr*	matricular
immun *Adj*	inmunizado
Imponderabilien *Pl*	imponderables *m/Pl*
Import *m*	importación *f*
Importeur *m*	importador *m*
imposant *Adj*	imponente
indianisch *Adj*	indio
indisch *Adj*	indio
Infekt *m*	infección *f*
infizieren *tr*	infectar
informatorisch *Adj*	informativo
inhuman *Adj*	antihumano
inoffiziell *Adj*	no oficial
Inszenierung *f*	escenificación *f*
Interessent *m*	interesado *m*
Intermezzo *n*	intermedio *m*
interpretatorisch *Adj*	interpretativo
Interpunktion *f*	puntuación *f*
Intervent *m*	intervencionista *m*
Inventar *n*	inventario *m*
inventarisieren *tr*	inventariar
Inventur *f*	inventario *m*
Investition *f*	inversión *f*
Ironiker *m*	ironista *m*
Ischias *f*	ciática *f*
Isolation *f*	aislamiento *m*
isolieren *tr*	aislar

Wörter mit morphologischen Abweichungen

Jury *f*	jurado *m*
Kamille *f*	camomila *f*
Kanonade *f*	cañoneo *m*, cañonazos *m/Pl*
Kapitel *n*	capítulo *m*
Kapitol *n*	capitolio *m*
Karabiniere *m*	carabinero *m*
Karambolage *f*	carambola *f*
Karfunkel *m*	carbúnculo *m*
karikieren *tr*	caricatur[iz]ar
kariös *Adj*	cariado
Kastell *n*	castillo *m*
katastrophal *Adj*	catastrófico
Klassik *f*	clasicismo *m*
Kombine *f*	combinada *f*
Kommandeur *m*	comandante *m*
Komparserei *f*	comparsas *m/Pl*
Komponist *m*	compositor *m*
konkretisieren *tr*	concretar
Konkretisierung *f*	concreción *f*
Konsultation *f*	consulta *f*
Konsument *m*	consumidor *m*
Kontrahent *m*	contrincante *m*
Korrektur *f*	corrección *f*
kritisieren *tr*	criticar
Kurier *m*	correo *m*
lädieren *tr*	lesionar
Lampe *f*	lámpara *f*
Lethargie *f*	letargo *m*
lexikalisch *Adj*	léxico, lexical
Liliputaner *m*	liliputiense *m*
Liquidität *f*	liquidez *f*
loyal *Adj*	leal
Loyalität *f*	lealtad *f*
Magier *m*	mago *m*

81 Wörter mit morphologischen Abweichungen

majestätisch *Adj*	majestuoso
Majorat *n*	mayorazgo *m*
Mangan *n*	manganeso *m*
Manipulant *m*	manipulador *m*
manisch *Adj*	maníaco
manövrieren *tr, intr*	maniobrar
Markise *f*	marquesina *f*
Märtyrer(in) *m(f)*	mártir *m, f*
Maske *f*	máscara *f*
maurisch *Adj*	moro
Mediziner *m*	médico *m*
medizinisch *Adj*	medicinal
Melioration *f*	mejoramiento *m*
memorieren *tr*	memorizar
Metapher *f*	metáfora *f*
Methodik *f*	metodología *f*
mikrobiell *Adj*	microbiano
Milizionär *m*	miliciano *m*
Mineraloge *m*	mineralogista *m*
minimal *Adj*	mínimo
minimieren *tr*	minimizar
Missionar *m*	misionero *m*
Miszellen *f/Pl*	miscelánea *f*
möblieren *tr*	amueblar
Molekül *n*	molécula *f*
momentan *Adj*	momentáneo
Monarchist *m*, monarchistisch *Adj*	monárquico *m, Adj*
Monokultur *f*	monocultivo *m*
Monomane *n*	monomaníaco *m*
Morphinist *m*	morfinómano *m*
Morphium *n*	morfina *f*
Musikant *m*	músico *m*
Natur *f*	naturaleza *f*

nazistisch *Adj*	nazi
Notariat *n*	notaría *f*
offerieren *tr*	ofrecer
Offizier *m*	oficial *m*
Oligarch *m*	oligarca *m*
Oppositioneller *m*	oposicionista *m*
optimieren *tr*	optimizar
Orkan *m*	huracán *m*
Orthopäde *m*	ortopédico *m*
Ouvertüre *f*	apertura *f*
Pädagogik *f*	pedagogía *f*
Parabel *f*	parábola *f*
paradox *Adj*	paradójico
Paragraph *m*	párrafo *m*
Parallelität *f*	paralelismo *m*
paritätisch *Adj*	paritario
parodistisch *Adj*	paródico
Partikel *f*	partícula *f*
Partizip *n*	participio *m*
passioniert *Adj*	apasionado
Pathos *n*	patetismo *m*
Patriarch *m*	patriarca *m*
Pergament *n*	pergamino *m*
Perpendikel *n*	perpendicular *m*
philatelistisch *Adj*	filatélico
Philister *m*	filisteo *m*
physikalisch *Adj*	físico
Pinzette *f*	pinzas *f/Pl*
Plagiat *n*	plagio *m*
Plagiator *m*	plagiario *m*
Plantage *f*	plantación *f*
Polemiker *m*	polemista *m*
Politur *f*	pulimento *m*
Positur *f*	postura *f*

83 Wörter mit morphologischen Abweichungen

Präsidial-	presidencial
Presbyter *m*	presbiteriano *m*
Prinz *m*	príncipe *m*
Produzent *m*	productor *m*
Profil *n*	perfil *m*
Prognose *f*	pronóstico *m*
prognostizieren *tr*	pronosticar
Projektant *m*	proyectista *m*
prominent *Adj*	eminente
Prominenz *f*	eminencia *f*
Prostituierte *f*	prostituta *f*
provokant *Adj*, provokativ *Adj*, provokatorisch *Adj*	provocador
Prozedur *f*	procedimiento *m*
Rachitis *f*	raquitismo *m*
raffinieren *tr*	refinar
Rarität *f*	rareza *f*
rebellieren *intr*	rebelarse
redigieren *tr*	redactar
Reformation *f*	reforma *f*
regulativ *Adj*	regulador
Rekonvaleszent *m*	convalesciente *m*
Rekrutierung *f*	reclutamiento *m*
Reparatur *f*	reparación *f*
Resümee *n*	resumen *m*
revidieren *tr*	revisar
Risiko *n*	riesgo *m*
Romantik *f*	romanticismo *m*
rustikal *Adj*	rústico
Sadist *m*, sadistisch *Adj*	sádico *m*, *Adj*
Safran *m*	azafrán *m*
Salat *m*	ensalada *f*
Samariter *m*	samaritano *m*

sanguinisch *Adj*	sanguíneo
Sanitäter *m*	sanitario *m*
Sekretariat *n*	secretaría *f*
Sektierer *m*	sectario *m*
sektiererisch *Adj*	sectario
seriös *Adj*	serio
Seriosität *f*	seriedad *f*
Servilität *f*	servilismo *m*
Signal *n*	señal *f*
signalisieren *tr*	señalar
Silbe *f*	sílaba *f*
Simulant *m*	simulador *m*
simultan *Adj*	simultáneo
Skarabäus *m*	escarabajo *m*
Skepsis *f*	escepticismo *m*
solidarisch *Adj*	solidario
Sopranistin *f*	soprano *f*
Sortiment *n*	surtido *m*
Souveränität *f*	soberanía *f*
Spion *m*	espía *m, f*
spontan *Adj*	espontáneo
Sport *m*	deporte *m*
Stadion *n*	estadio *m*
Stadium *n*	estado *m*
Statistik *f*	estadística *f*
Statistiker *m*	estadista *m*
Student *m*	estudiante *m*
synchron *Adj*	sincrónico
Synchronität *f*	sincronía *f*
terrorisieren *tr*	aterrorizar
Theoretiker *m*, theoretisch *Adj*	teórico *m, Adj*
Tragik *f*	tragedia *f*
Trainer *m*	entrenador *m*

85 Wörter mit orthographischen Besonderheiten

trainieren *tr*	entrenarse
Training *n*	entrenamiento *m*
Transplantation	transplante *m*, trasplantación *f*
Trauma *n*	traumatismo *m*
tropisch *Adj*	tropical
Turnier *n*	torneo *m*
unpaar *Adj*	impar
Vakuum *n*	vacío *m*
vegetarisch *Adj*	vegetariano
venerisch *Adj*	venéreo
Vikariat *n*	vicaría *f*
Visum *n*	visado *m*
zentrifugal *Adj*	centrífugo
zentripetal *Adj*	centrípeto
Zitat *n*	cita *f*, citación *f*
Zyanid *n*	cianita *f*
zyklopisch *Adj*	ciclópeo

Wörter mit orthographischen Besonderheiten

Achat *m*	ágata *f*
adjustieren *tr*	ajustar
Adjutant *m*	ayudante *m*
Advokat *m*	abogado *m*
akut *Adj*	agudo
Amnestie *f*	amnistía *f*
Ampulle *f*	ampolla *f*
Anchovis *f*	anchoa *f*, anchova *f*
Anker *m*	ancla *f*, áncora *f*

Wörter mit orthographischen Besonderheiten 86

Appendix *m*	apéndice *m*
Armatur *f*	armadura *f*
Asthma *n*	asma *f*
Backbord *n*	babor *m*
Bakkarat *n*	bacará *f*
Baldrian *m*	valeriana *f*
Bambus *m*	bambú *m*
Bandage *f*	vendaje *m*
Bankrott *m*	bancarrota *f*
Barett *n*	birrete *m*
Barriere *f*	barrera *f*
Bijouterie *f*	bisutería *f*
Billard *n*	billar *m*
Biwak *n*	vivac *m*
Bordell *n*	burdel *m*
Boykott *m*	boicot[eo] *m*
Bukett *n*	buqué *m*
Chamäleon *n*	camaleón *m*
Chauvinist *m*, chauvinistisch *Adj*	chovinista *m*, *f*, *Adj*
Cherub *m*	quérube *m*
Chiffre *f*	cífra *f*
Coupon *m*, Kupon *m*	cupón *m*
couragiert *Adj*	corajudo
Defilee *n*	desfile *m*
defilieren *intr*	desfilar
Delikt *n*	delito *m*
Deserteur *m*	desertor *m*
Detektiv *m*	detective *m*
Diktatur *f*	dictadura *f*
Double *n*	doble *m*
Dschungel *m*	jungla *f*, chungla *f*
elementar *Adj*	elemental

87 Wörter mit orthographischen Besonderheiten

Emaille *f*	esmalte *m*
Emblem *n*	emblema *m*
Embryo *n*	embrión *m*
Enquête *f*	encuesta *f*
Enzian *m*	genciana *f*
Eskorte *f*	escolta *f*
Esplanade *f*	explanada *f*
Fasan *m*	faisán *m*
Faschismus *m*	fascismo *m*
Fassade *f*	fachada *f*
Feudalismus *m*	feodalismo *m*
Filet *n*	filete *m*
Finale *n*	final *m*
Flanell *m*	franela *f*
Franse *f*	franja *f*
Fregatte *f*	fragata *f*
Geysir ،	geiser *m*
Girlande *f*	guirlanda *f*
Gitarre *f*	guitarra *f*
Halluzination *f*	alucinación *f*
Harem *m*	harén *m*
Häresie *f*	herejía *f*
Harlekin *m*	arlequín *m*
Harmonie *f*	armonía *f*
harmonieren *intr*	armonizar
Havarie *f*	avería *f*
Hellebarde *f*	alabarda *f*
Herberge *f*	albergue *m*
Hierarchie *f*	jerarquía *f*
hieroglyphisch *Adj*	jeroglífico
hissen *tr*	izar
Hosianna *n*	hosanna *f*
Hugenotten *m/Pl*	hugonotes *m/Pl*
Hyazinth *m*, Hyazinthe *f*	jacinto *m*

Wörter mit orthographischen Besonderheiten 88

Inferno *n*	infierno *m*
in flagranti *Adv*	infraganti
Intonation *f*	entonación *f*
intonieren *tr*	entonar
Jesus Christus	Jesucristo
Kabinett *n*	gabinete *m*
Kabriolett *n*	cabriolé *m*
Kaleidoskop *n*	calidoscopio *m*
Kalif *m*	califa *m*
Kamera *f*	cámara *f*
Kanaille *f*	canalla *f*, *m*
Kanonikus *m*	canónigo *m*
Kaplan *m*	capellán *m*
Kapriole *f*	cabriola *f*
Kapuze *f*	capucha *f*
Karaffe *f*	garrafa *f*
Karat *n*	quilate *m*
Karavelle *f*	carabela *f*
Karneval *m*	carnaval *m*
Karriere *f*	carrera *f*
Kasematte *f*	casamata *f*
Kasserolle *f*	cacerola *f*
Kastanie *f*	castaña *f*
Katakombe *f*	catacumba *f*
Katarakt *m*	catarata *f*
Kattun *m*	cotón *m*
Kavalier *m*	caballero *m*
Kleriker *m*	clérigo *m*
Kognak *m*	coñac *m*
Kolonisator *m*	colonizador *m*
Komet *m*	cometa *m*
Komfort *m*	confort *m*
komplex *Adj*	complejo
Koordinate *f*	coordenada *f*

89 Wörter mit orthographischen Besonderheiten

Korridor *m*	corredor *m*
korrumpieren *tr*	corromper
Kreatur *f*	criatura *f*
Kruppe *f*	grupa *f*
Kruzifix *n*	crucifijo *m*
Kuli *m*	coolí *m*
Kupon *m*	cupón *m*
Labyrinth *n*	laberinto *m*
Lama *n*	llama *f*
Lasso *n*	lazo *m*
Laterne *f*	linterna *f*
Latrine *f*	letrina *f*
Legende *f*	leyenda *f*
Lilie *f*	lirio *m*
Limit *n*	límite *m*
Litanei *f*	letanía *f*
Livree *f*	librea *f*
Majoran *m*	mejorana *f*
Makkaroni *Pl*	macarrones *m/Pl*
Manifest *n*	manifiesto *m*
Mannequin *n*	maniquí *f*
Marmelade *f*	mermelada *f*
Marmor *m*	mármol *m*
Marschall *m*	mariscal *m*
Marzipan *n*	mazapán *m*
Maskerade *f*	mascarada *f*
Maure *m*	moro *m*
Metapher *f*	metáfora *f*
Miliz *f*	milicia *f*
mobilisieren *tr*	movilizar
Mole *f*	muelle *m*
Monarch *m*	monarca *m*
Monsun *m*	monzón *m*
Navigation *f*	navegación *f*

Wörter mit orthographischen Besonderheiten

Necessaire *n*	neceser *m*
Orchidee *f*	orquídea *f*
Ordinate *f*	ordenada *f*
Ordonnanz *f*	ordenanza *f*
Overall *m*	overol *m*
Parabel *f*	parábola *f*
Paradies *n*	paraiso *m*
Pardon *n*	perdón *m*
Parfüm *n*	perfume *m*
Parfümerie *f*	perfumería *f*
parfümieren *tr*	perfumar
Passagier *m*	pasajero *m*
Patient *m*	paciente *m*
Patrouille *f*	patrulla *f*
Pavillon *m*	pabellón *m*
Penis *m*	pene *m*
Perrücke *f*	peluca *f*
Pharao *m*	faraón *m*
Phlegma *n*	flema *f*
Pinsel *m*	pincel *m*
pittoresk *Adj*	pintoresco
Prestige *n*	prestigio *m*
Psychiater *m*	[p]siquiatra *m*
Punkt *m*	punto *m*
Quotient *m*	cociente *m*
Rachitis *f*	raquitis *f*
Raffinerie *f*	refinería *f*
raffiniert *Adj*	refinado
Regiment *n*	regimiento *m*
Reglement *n*	reglamento *m*
Rekrut *m*	recluta *m*
Respekt *m*	respeto *m*
Rhythmus *m*	ritmo *m*
Roboter *m*	robot *m*

Rum *m*	ron *m*
Sandale *f*	sandalía *f*
Schwadron *f*	escuadrón *m*
Semester *n*	semestre *m*
Serenade *f*	serenata *f*
Sergeant *m*	sargento *m*
Shampoo[n] *n*	champú *m*
Signal *n*	señal *f*
signalisieren *tr*	señalizar
Soda *n*	sosa *f*
Soldateska *f*	soldadesca *f*
Suppe *f*	sopa *f*
Tabelle *f*	tabla *f*
Tank *m*	tanque *m*
Terrasse *f*	terraza *f*
tranchieren *tr*	trinchar
Truppe *f*	tropa *f*
Ulme *f*	olmo *m*
Vanille *f*	vainilla *f*
Vulkan *m*	volcán *m*
Waggon *m*	vagón *m*
Wismut *n*	bismuto *m*
Ziffer *f*	cifra *f*
Zionismus *m*	sionismo *m*
zionistisch *Adj*	sionista

Wörter mit Abweichungen im Genus

Alarm *m*	alarma *f*
Alveole *f*	alveolo *m*, alvéolo *m*
Amethyst *m*	amatista *f*
Amphibie *f*	anfibio *m*

Wörter mit Abweichungen im Genus

Analyse *f*	análisis *m*
Annonce *f*	anuncio *m*
Anode *f*	ánodo *m*
Aquarell *n*	acuarela *f*
Attacke *f*	ataque *m*
Azeton *n*	acetona *f*
Bajonett *n*	bayoneta *f*
Bakkarat *n*	bacará *f*
Bankrott *m*	bancarrota
Bar *f*	bar *m*
Barbe *f*	barbo *m*
Barren *m*	barra *f*
Brikett *n*	briqueta *f*
Bronchien *f/Pl*	bronquios *m/Pl*
Bronze *f*	bronce *m*
Browning *m*	browning *f*
Büste *f*	busto *m*
Cape *n*	capa *f*
Chlorophyll *n*	clorofila *f*
Cholera *f*	cólera *m*
Courage *f*	coraje *m*
Dattel *f*	dátil *m*
Debakel *n*	debacle *f*
Debatte *f*	debate *m*
Diadem *n*	diadema *f*
Dia[positiv] *n*	diapositiva *f*
Dispens *m*	dispensa *f*
Disput *m*	disputa *f*
Dividende *f*	dividendo *m*
Domäne *f*	dominio *m*
Dublette *f*	doblete *m*
Dynamo *m*	dínamo *f*
Ekstase *f*	éxtasis *m*
Ekzem *n*	eczema *f*

Elektrode *f*	electrodo *m*
Emphase *f*	énfasis *m*
Enklave *f*	enclave *m*
Etikett *n*	etiqueta *f*
Exekutive *f*	ejecutivo *m*
Fest *n*	fiesta *f*
Fieber *n*	fiebre *f*
Flanke *f*	flanco *m*
Freske *f*	fresco *m*
Garage *f*	garaje *m*
Geranie *f*	geranio *m*
Geste *f*	gesto *m*
Gladiole *f*	gladiolo *m*
Gruppe *f*	grupo *m*
Harpune *f*	arpón *m*
Hemisphäre *f*	hemisferio *m*
Hormon *n*	hormona *f*
Hymne *f*	himno *m*
Kakadu *m*	cacatúa *f*
Kanaille *f*	canalla *m*
Kanone *f*	cañón *m*
Kanu *n*	canoa *f*
Karabiner *m*	carabina *f*
Katapult *m, n*	catapulta *f*
Kathete *f*	cateto *m*
Kolophonium *n*	colofonia *f*
Komma *n*	coma *f*
Komponente *f*	componente *m*
Konsonant *m*	consonante *f*
Koralle *f*	coral *m*
Kordel *f*	cordel *m*
Kutsche *f*	coche *m*
Lack *m*	laca *f*
Lama *n*	llama *f*

Wörter mit Abweichungen im Genus

Lexik *f*	léxico *m*
Limone *f*	limón *m*
Machete *f, m*	machete *m*
Melone *f*	melón *m*
Minute *f*	minuto *m*
Molluske *f*	molusco *m*
Motette *f*	motete *m*
Muskete *f*	mosquete *m*
Myrte *f*	mirto *m*
Narzisse *f*	narciso *m*
Nummer *f*	número *m*
Oase *f*	oasis *m*
Oboe *f*	oboe *m*
Orbit *m*	órbita *f*
Orchester *n*	orquesta *f*
Panik *f*	pánico *m*
Pantoffel *m*	pantufla *f*
Patent *n*	patente *f*
Periode *f*	período *m*
Phlegma *n*	flema *f*
Platane *f*	plátano *m*
Pneumatik *f*	neumático *m*
Porzellan *n*	porcelana *f*
Präambel *f*	preámbulo *m*
Protest *m*	protesta *f*
Rezept *n*	receta *f*
Romanze *f*	romance *m*
Ruin *m*	ruina *f*
Schokolade *f*	chocolate *m*
Sekunde *f*	segundo *m*
Signal *n*	señal *f*
Studie *f*, Studium *n*	estudio *m*
Tarif *m*	tarifa *f*
Ulme *f*	olmo *m*

Uniform *f*	uniforme *m*
Urin *m*	orina *f*
Violine *f*	violín *m*
Vokal *m*	vocal *f*
Zebra *n*	cebra *f*
Zigarre *f*	cigarro *m*
Zypresse *f*	ciprés *m*
Zyste *f*	quiste *m*

Wörter mit Abweichungen in der Betonung

Akademie *f*	academia *f*
Amphore *f*	ánfora *f*
Analyse *f*	análisis *m*
Anämie *f*	anemia *f*
Anästhesie *f*	anestesia *f*
Anekdote *f*	anécdota *f*
Anode *f*	ánodo *m*
anonym *Adj*	anónimo
Antigene *n/Pl*	antígenos *m/Pl*
Antonymie *f*	antonimia *f*
Atmosphäre *f*	atmósfera *f*
Atom *n*	átomo *m*
Atrophie *f*	atrofia *f*
Autopsie *f*	autopsia *f*
Barbar *m*	bárbaro *m*
Bariton *m*	barítono *m*
bengalisch *Adj*	bengalí
Bigamie *f*	bigamia *f*
Blasphemie *f*	blasfemia *f*
Dekade *f*	década *f*
Demagogie *f*	demagogia *f*

Wörter mit Abweichungen in der Betonung

Despot *m*	déspota *m*
Diakon *m*	diácono *m*
Diözese *f*	diócesis *f*
Domino *n, m*	dominó *m*
Ekstase *f*	éxtasis *m*
Elite *f*	élite *f*
Embolie *f*	embolia *f*
Emphase *f*	énfasis *f*
Enzyklopädie *f*	enciclopedia *f*
Epidemie *f*	epidemia *f*
Epigraph *m*	epígrafe *m*
Epilepsie *f*	epilepsia *f*
Epoche *f*	época *f*
Euphorie *f*	euforia *f*
Fabrik *f*	fábrica *f*
Fakir *m*	faquir *m*
Fossil *n*	fósil *m*
frivol *Adj*	frívolo
Geometer *m*	geómetra *m*
Homonym *n*	homónimo *m*
Husar *m*	húsar *m*
hybrid *Adj*	híbrido
Hydroxid *n*	hidróxido *m*
Idol *n*	ídolo *m*
illegitim *Adj*	ilegítimo
intim *Adj*	íntimo
Jesus *m*	Jesús *m*
Kabale *f*	cábala *f*
Kadi *m*	cadí *m*
Kakadu *m*	cacatúa *f*
Känguruh *n*	canguro *m*
Kannibale *m*	caníbal *m*
Kanüle *f*	cánula *f*

97 Wörter mit Abweichungen in der Betonung

Karneval *m*	carnaval *m*
Katastrophe *f*	catástrofe *f*
Katholik *m*	católico *m*
Kilometer *m*	kilómetro *m*
Kognak *m*	coñac *m*
Kolik *f*	cólico *m*
Kolonie *f*	colonia *f*
Kommode *f*	cómoda *f*
Kompaß *m*	compás *m*
Koniferen *f/Pl*	coníferas *f/Pl*
Kopie *f*	copia *f*
Kredit *m*	crédito *m*
Kuli *m*	coolí *m*
Leukämie *f*	leucemia *f*
Mama *f*	mamá *f*
maritim *Adj*	marítimo
Mathematik *f*	matemáticas *f/Pl*
Methode *f*	método *m*
mobil *Adj*	móvil
Molekül *n*	molécula *f*
Monogamie *f*	monogamia *f*
monoton *Adj*	monótono
Myriade *f*	miríada *f*
Neon *n*	neón *m*
Neuralgie *f*	neuralgia *f*
Neurasthenie *f*	neurastenia *f*
Nomade *m*	nómada *m*
Nymphomanin *f*	ninfómana *f*
Olympiade *f*	olimpíada *f*
Orchidee *f*	orquídea *f*
Orgie *f*	orgía *f*
Orthopädie *f*	ortopedia *f*
Oval *n*	óvalo *m*
Oxid *n*	óxido *m*

Wörter mit Abweichungen in der Betonung

Ozean *m*	océano *m*
Papa *m*	papá *m*
Parasit *m*	parásito *m*
Parenchym *n*	parénquina *f*
Parodie *f*	parodia *f*
Pelikan *m*	pelícano *m*
Periode *f*	período *m*
Phänomen *n*	fenómeno *m*
Platane *f*	plátano *m*
Plural *m*	plural *m*
Police *f*	póliza *f*
Polygamie *f*	poligamia *f*
Polyp *m*	pólipo *m*
postum *Adj*	póstumo
Prosodie *f*	prosodia *f*
Prothese *f*	prótesis *f*
Pyramide *f*	pirámide *f*
Regime *n*	régimen *m*
Saphir *m*	zafiro *m*
Sarkophag *m*	sarcófago *m*
Satellit *m*	satélite *m*
Satire *f*	sátira *f*
Skandal *m*	escándalo *m*
Sofa *n*	sofá *m*
Tenor *m*	tenor *m*
Therapie *f*	terapia *f*
Triangel *m*	triángulo *m*
Velodrom *n*	velódromo *m*
Veloziped *n*	velocípedo *m*
Zebu *m, n*	cebú *m*
Zentrifuge *f*	centrífuga *f*

Spanisch-Deutsch

A

abalanzar *tr* 1. ausgleichen, ausbilanzieren 2. stoßen, schleudern; ∼**se** sich stürzen
● *nicht* → bilanzieren

abonar *tr* 1. billigen, gutheißen 2. gutsprechen für 3. vergüten 4. rechtfertigen 5. *Erde, Boden* düngen; ∼**se** *Tel, Theat* ⟨abonnieren⟩ (**a algo** etw.)

aborto *m* 1. *Med* ⟨Abort[us] *m*⟩, Fehl-, Frühgeburt *f*; Abtreibung *f* 2. *Zool* Verwerfen *n* 3. *übertr* Machwerk *n*

absolver *tr* 1. *Jur* freisprechen 2. *Rel* lossprechen; *Sünden* vergeben
● *nicht* → absolvieren

abstención *f* 1. Entsagung *f*, Verzichtleistung *f*, ⟨Abstinenz *f*⟩ 2. Stimmenthaltung *f*

academia *f* 1. ⟨Akademie *f*⟩ 2. *Mal* Akt *m* 3.: ∼ **de baile (de canto)** Tanz- (Gesangs-)Schule *f*

académico *m* Akademiemitglied *n*, *seltener auch* ⟨Akademiker *m*⟩
● *nicht* → Akademiker (*Hochschulabsolvent*)

acción *f* 1. ⟨Aktion *f*⟩, Handlung *f*, Akt *m*, Tat *f*; Tätigkeit *f* 2. *Fin* Aktie *f* 3. Wirkung *f* 4. *Mil* Gefecht *n* 5. *Jur* Klage *f* 6. *Mal* Körperhaltung *f*

acordar I. *tr* 1. beschließen, entscheiden 2. *Hdl selten* ⟨akkordieren⟩, vereinbaren; *Hdl* übereinkommen über 3. in Einklang bringen 4. *Mal* aufeinander abstimmen 5. *Mus* stimmen II. *intr* übereinstimmen; ∼**se** sich erinnern (**de** an); ein Abkommen treffen

acreditar *tr* 1. *allg* in guten Ruf bringen; beglaubigen 2. *Dipl* ⟨akkreditieren⟩

acta *f* 1. Sitzungs-, Verhandlungsbericht *m*, Protokoll *n* 2.: ~s *Pl* **judiciales** Prozeßakten *f/Pl* 3.: ~ **final** Schlußakte *f*

activista *m* [politisch] zielbewußt Handelnder *m*, ⟨Aktivist *m*⟩
● *nicht* → Aktivist (*soz Ges*)

acto *m* 1. Tat *f*, Handlung *f*; Werk *n* 2. *Theat* ⟨Akt *m*⟩, Aufzug *m* 3. Veranstaltung *f*, [öffentliche] Feier[lichkeit] *f* 4.: **en el** ~ auf frischer Tat; unverzüglich, sofort
● *nicht* → Akt (*Mal*)

acuario *m* 1. ⟨Aquarium *n*⟩ 2. *Astr* Wassermann *m*

acuerdo *m* 1. Beschluß *m* 2. Verständigung *f*; Vereinbarung *f*; **estar de** ~ einverstanden sein; **ponerse de** ~ sich einigen; **de común** ~ einmütig; **de** ~ **con** gemäß 3. *mit Gläubigern selten* ⟨Akkord *m*⟩
● *nicht* → Akkord (*Mus*)

adherencia *f* 1. Anhang *m*, Anhängsel *n* 2. Ankleben *n*, Anhaften *n*; *Phys* ⟨Adherenz *f*⟩ 3. *Med* Verwachsung *f* 4. *übertr* Anhänglichkeit *f*, Verbindung *f*

adición *f* 1. Hinzufügung *f*, Zusatz *m* 2. Randnote *f*, -bemerkung *f* 3. *Math* ⟨Addition *f*⟩, Zusammenzählen *n*

adoptar *tr* 1. *jmdn.* ⟨adoptieren⟩, an Kindes Statt annehmen 2. *etw.* gutheißen, annehmen 3. *Position* einnehmen, beziehen

afectado *Adj* 1. geziert, gekünstelt, ⟨affektiert⟩ 2. betrübt 3. ge-, beschädigt

afecto *m* 1. Gemütsbewegung *f* 2. Zuneigung *f*, Wohlwollen *n* 3. *selten* ⟨Affekt *m*⟩

agencia* *f* 1. Agentur *f*, Vertretung *f* 2.: ~ **de viajes** *od* **de turismo** Reisebüro *n*

agenda *f* 1. ⟨Agenda *f*⟩, Notizbuch *n*, Tagebuch *n* 2.: ~ **de la reunión** Tagesordnung *f*
● *nicht* → Agende

agente *m* 1. ⟨Agent *m*⟩ 2. *Gramm, Chem, Phil* ⟨Agens *n*⟩

agitación *f* 1. Aufregung *f*, Aufruhr *m*; Tumult *m* 2. *Mar* heftige Bewegung *f* 3. *Chem* Gärung *f* 4. *Pol soz Ges Cu* ⟨Agitation *f*⟩ *pos* 5. *Pol kap Ges* ⟨Agitation *f*⟩ *pej*

agravante *Adj* 1. *allg, geh* gravierend 2. *Jur* erschwerend, strafverschärfend

agregado *m* 1. *Pol, Dipl* Attaché *m* 2. *Tech* ⟨Aggregat *n*⟩ 3. *Math* Fazit *n* 4. Zugabe *f*

alarma *f* 1. ⟨Alarm *m*⟩ 2. *übertr* Angst *f*, Unruhe *f*, Sorge *f*; Bestürzung *f*

amador *m* Liebhaber *m*
● *nicht* → Amateur

ambulancia *f* Krankenwagen *m*, *selten reg* Ambulanz *f*, *fam* Sankra *m*
● *nicht* → Ambulanz (*medizinische Einrichtung*)

ambulante *Adj* 1. wandernd, umhergehend 2. wanderlustig 3. *Händler, Gewerbe* ⟨ambulant⟩
● *nicht* → ambulant (*Med*)

ambulatorio I. *Adj* 1. ohne festen Wohnsitz 2. *Med*: **tratamiento** ∼ ambulante Behandlung *f* II. *Subst/m selten Med* Ambulanz *f*, ⟨Ambulatorium *n*⟩

amor *m* 1. Liebe *f*, Zuneigung *f*; Liebschaft *f* 2. Geliebter *m*, Geliebte *f*
● *nicht* → Amor

anfitrión *m* 1. Gastgeber *m*, Wirt *m* 2. *Myth* ⟨Amphitryon *m*⟩

animar *tr* 1. beseelen, beleben 2. anfeuern, ermuntern, ⟨animieren⟩

anticuario *m* 1. Antiquitäten-, Antikenhändler *m*, *seltener* ⟨Antiquar *m*⟩ 2. Antiquitätensammler *m* 3. *selten* Altertumsforscher *m*, Archäologe *m*

antigüedad *f* 1. ⟨Antiquität *f*⟩ 2. Antike *f*

antiguo *Adj* 1. ⟨antik⟩ 2. alt, langjährig; im Dienst ergraut

anular *tr* 1. *Hdl Vertrag, Bestellung* ⟨annullieren⟩; abbestellen 2. *Dipl* für null und nichtig erklären 3. *Jur Urteil* aufheben

apelar *intr Jur* ⟨appellieren⟩ (**an** a), eine übergeordnete Stelle zur Entscheidung anrufen; ∼ **de una sentencia** gegen ein Urteil Berufung einlegen
● *nicht* → appellieren (*allg, Pol*)

aplicación *f* 1. *selten* ⟨Applikation *f*⟩, Anwendung *f*, Gebrauch *m* 2. *Summe* Verwendung *f*, Anlage *f* 3. *Med* Anlegen *n*; *selten* ⟨Applikation *f*⟩, Verabfolgung *f* von Medikamenten 4. *Jur* Zuerkennung *f*
● *nicht* → Applikation (*Päd u. Kleiderschmuck*)

aportar I. *tr* 1. *Jur* einbringen, einlegen 2. beitragen II. *intr selten Mar* anlegen, landen
● *nicht* → apportieren

apóstol *m* 1. *Rel* ⟨Apostel *m*⟩, Sendbote *m* 2. *übertr* Verfechter *m*, begeisterter Vorkämpfer *m*

aprestar *tr* 1. zubereiten, zurüsten 2. *Stoffe* ⟨appretieren⟩

apretar I. *tr* 1. (an)drücken; (zusammen)pressen 2. *Schraube* anziehen 3. *Fäuste* ballen 4. *übertr* in die Enge treiben, ängstigen 5. *übertr* dringend bitten; drängen auf 6.: ~ **en los brazos** in die Arme schließen, an sich drücken II. *intr Regen* heftiger werden
● *nicht* → appretieren

arca *f* 1. Kasten *m*, Kiste *f*; Truhe *f*; *veralt* Lade *f* 2. ⟨Arche *f*⟩ [Noah] 3. Brunnenbecken *n*

argumento *m* 1. *Pol* ⟨Argument *n*⟩ 2. *Log* Schluß(folgerung) *m*(*f*) 3. *Mus* Thema *n* 4. *Theat, Film* Inhalt *m*, Stoff *m*

armada *f Mil* Flotte *f*
● *nicht* → Armee

armadura *f* 1. ⟨Armatur *f*⟩; *Brille* Gestell *n*; Gerüst *n* 2. Waffenrüstung *f* 3. Beschlag *m*

arrogante *Adj* 1. ⟨arrogant⟩, dreist, anmaßend, vermessen 2. stolz 3. stattlich

arte *m, f* 1. Kunst *f* 2.: **con malas** ~**s** mit List und Tücke
● *nicht* → ʿArt

artículo *m* 1. *Gramm* ⟨Artikel *m*⟩ 2. Fingerknöchel *m* 3.: ~**s** *Pl Hdl* Güter *n/Pl*, Waren *f/Pl*; ~**s de escribir** Schreibwaren *f/Pl*

artista *m* Künstler *m*, Kunstschaffender *m*
● *nicht* → Artist
artístico *Adj* Kunst-, künstlerisch
● *nicht* → artistisch
asentir *intr* beistimmen, zustimmen, *selten* ⟨assentieren⟩
asilo *m* 1. *Pol* ⟨Asyl *n*⟩; **conceder** ~ Asyl gewähren 2. Zufluchtsort *m*, Unterkunft *f* 3. *übertr* Schutz *m* 4. *veralt* Armenhaus *n*, Waisenhaus *n*; Nachtasyl *n* 5.: ~ **de ancianos** Altersheim *n*
asistencia *f* 1. Anwesenheit *f*, Beisein *n* 2. *Med* ⟨Assistenz *f*⟩; Unterstützung *f*; Bedienung *f* 3. *Tech, Pol* Hilfe *f*, Beratung *f* 4.: ~ **social** Sozialversicherung *f*
asistir I. *tr* 1. *jmdm.* beistehen; mithelfen, *jmdm.* aus der Not helfen 2. *Med jmdm.* ⟨assistieren⟩ 3. ärztlich behandeln *od* versorgen II. *intr* anwesend *od* zugegen sein (**a** bei); teilnehmen (**a** an); sich eingefunden haben
aspirante *m* 1. *Hochsch* ⟨Aspirant *m*⟩ 2. *allg* Bewerber *m*, Anwärter *m*
atacar *tr* 1. *Zugtiere* anspannen 2. *übertr u. Mil* ⟨attackieren⟩, angreifen; überfallen
ataque *m* 1. *Mil* Angriff *m*, ⟨Attacke *f*⟩, Überfall *m* 2. *Med* Anfall *m*; Zusammenbruch *m*; ~ **de nervios** Nervenzusammenbruch *m*
aterrorizar *tr* 1. *jmdn.* erschrecken 2. *übertr* ⟨terrorisieren⟩
aula *f* Schulzimmer *n*, Klassenraum *m*; ~ **magna** ⟨Aula *f*⟩
automática *f* Automatisierungstechnik *f*
● *nicht* → Automatik
autor *m* 1. ⟨Autor *m*⟩, Verfasser *m* 2. Urheber *m*, Schöpfer *m* 3. Anstifter *m*; Erfinder *m*; Entdecker *m*
autoridades *f/Pl* 1. ⟨Autoritäten *f/Pl*⟩ 2. Behörden *f/Pl*; *veralt* Obrigkeit *f*
ayudante *m* 1. *Mil* ⟨Adjutant *m*⟩ 2. Helfer *m*

B

bala *f* 1. Kugel *f* 2. Ballen *m*
● *nicht* → Ball

balance *m* 1. *Pol* Bilanz *f* 2. *Fin* Saldo *m* 3. *seltener* Schwanken *n*; *Mar* Schlingern *n* 4. *Cu reg* Schaukelstuhl *m*
● *nicht* → Balance

balancear I. *tr* ausgleichen, ⟨balancieren⟩ II. *intr* 1. *übertr* schwanken, unentschlossen sein 2. *Cu* schaukeln
● *nicht* → bilanzieren

balanza *f* 1. Waage *f* 2. Waagschale *f*
● *nicht* → Balance, Bilanz

banda *f* 1. Binde *f*, Schärpe *f*; Streifen *m* 2. *Billard* ⟨Bande *f*⟩ 3. ⟨Bande *f*⟩, Rotte *f*, Trupp *m*, Schar *f* 4. *auch* ∼ **musical** *Mus* Band *f*, Kapelle *f* 5. *Mar*: ∼ **de babor** Backbordseite *f*
● *nicht* → Band *m* od. *n*

banderola *f* 1. Fähnchen *n*, Wimpel *m* 2. Oberlicht *n*
● *nicht* → Banderole

baño *m* 1. Bad *n* 2. *Am* Toilette *f* 3. *veralt* ⟨Bagno *n*⟩

bar *m* 1. kleinere (*oft* Eck-) Gaststätte *f* 2. ⟨Bar *f*⟩, *auch* Bierausschank *m* 3. *Möbel* (Haus-)Bar *f*
● *nicht* → Bar (*Nachtbar*)

baronesa *f* Baronin *f*
● *nicht* → Baronesse

barrera *f* 1. ⟨Barriere *f*⟩ 2. Schranke *f*, Schlagbaum *m* 3. *Mil* Verhau *n*

bastión *f* Bastei *f*, *auch übertr* ⟨Bastion *f*⟩, Bollwerk *n*

batería *f* 1. *Mil* ⟨Batterie *f*⟩, Geschützstand *m* 2. *El, Auto* ⟨Batterie *f*⟩ 3. *Mus* Schlagzeug *n* 4.: ∼ **de cocina** Küchengeschirr *n*

bencina *f* 1. *Chem* ⟨Benzin *n*⟩ 2. Waschbenzin *n* 3.: ∼ **bruta** Rohbenzin *n*
● *nicht* → Benzin (*Kfz*)

betún *m* 1. Bitumen *n* 2. Schuhcreme *f*
● *nicht* → Beton
bigote *m* 1. Schnurrbart *m* 2. Schlackenansatz *m*
● *nicht* → bigott
billarda *f*, *auch* **billalda** *f* 1. *ein Kinderspiel* 2. *Am* Fisch-, Eidechsenfalle *f*
● *nicht* → Billiarde
billete *m* 1. (Eintritts-) Karte *f*, *veralt* ⟨Billett *n*⟩ 2. (Geld-) Schein *m* 3. (kleiner) Zettel *m für Mitteilungen*
bizarro *Adj* 1. mutig; ritterlich, edelmütig 2. freigebig 3. stattlich 4. *Gall* ⟨bizarr⟩
bolsa *f* 1. ⟨Börse *f*⟩ 2. Tasche *f* 3.: ~ **negra** Schwarzmarkt *m*
bomba *f* 1. Pumpe *f*; Feuerspritze *f* 2. ⟨Bombe *f*⟩
bombón *m* Praline *f*
● *nicht* → Bonbon
bombonera *f* 1. kleine Bonbondose *f* 2. *fam geschmackvoll eingerichtetes Zimmer* Schmuckkästchen *n*
● *nicht* → Bonbonniere
bono *m* 1. *Hdl* (Kassen-) ⟨Bon *m*⟩ 2. Berechtigungsschein *m*
● *nicht* → Bonus
bravo *Adj* 1. tapfer, wacker 2. *fam* rauflustig; verärgert; barsch; **ponerse** ~ böse werden 3. *Fluß* wild, reißend; *Meer* stürmisch 4. *Gelände* steil, unwegsam 5.: ¡~! ⟨bravo!⟩, ausgezeichnet!
● *nicht* → brav
brigadier *m Mil* Brigadegeneral *m*
● *nicht* → Brigadier *soz Ges*
bruto *Adj* 1. *Gewichtsangabe Fin* ⟨Brutto-⟩, ⟨brutto⟩ 2. viehisch, tierisch 3. *übertr* unvernünftig; grob, roh, brutal; ungehobelt
bullón *m* 1. knopfförmiger Zierbeschlag *m* eines Buchdeckels 2. *Färberei* Absud *m*
● *nicht* → Bouillon

buró *m* 1. *Gall* Schreibtisch *m* 2. *Mex* Nachttisch *m* 3.: ~ **político** Politbüro *n*
● *nicht* → Büro (*allg*)

C

cabaret *m* Tanzgaststätte *f mit Unterhaltungsprogramm*
● *nicht* → Kabarett
cabina *f* 1. ⟨Kabine *f*⟩ 2. Kanzel *f im Flugzeug* 3.: ~ **telefónica** Telefonzelle *f*
cacao *m* 1. Kakao (baum) *m* 2. Kakaobohnen *f/Pl*
● *nicht* → Kakao (*Getränk*)
cadáver *m* 1. Leiche *f*, *geh* Leichnam *m* 2. *pej od Tier* ⟨Kadaver *m*⟩
café *m* 1. Kaffee *m Getränk*; Kaffeebohne *f* 2. ⟨Café *n*⟩, *veralt* Kaffeehaus *n* 3. Kaffeebaum *m*
cálculo *m* 1. Rechnung *f*, Berechnung *f*, Kalkulation *f* 2. *Math, Log* ⟨Kalkül *n*⟩ 3. *Med* Nieren-, Gallen-, Blasenstein *m*
calendario *m* 1. ⟨Kalender *m*⟩ 2.: ~ **de pruebas** *od* **exámenes** Prüfungstermine *m/Pl*, -zeiten *f/Pl*
calificación *f* 1. Qualifizierung *f* 2. ⟨Qualifikation *f*⟩ 3. *Päd* Note *f*, Zensur *f*
cámara *f* 1. *Pol* ⟨Kammer *f*⟩; ~ **del Pueblo** Volkskammer *f* 2. *Mus*: **orquesta** *f* **de** ~ Kammerorchester *n* 3. *Foto* ⟨Kamera *f*⟩ 4. Luftschlauch *m*
camarada *m* ⟨Kamerad *m*⟩. Genosse *m*
camiseta *f* Unterhemd *n*
● *nicht* → Chemisett
campaña *f* 1. *Mil, Pol* ⟨Kampagne *f*⟩, Feldzug *m* 2.: ~ **de vacunación** Impfaktion *f*

campo *m* 1. Feld *n*, Acker *m*, Land *n* 2.: ~ **de prisioneros (de concentración)** Gefangenen- (Konzentrations-) Lager *n*; *auch* Camp *od* Kamp *n* 3.: ~ **de deportes (de tiro)** Sport- (Schieß-) Platz *m* 4.: ~ **santo** Friedhof *m*
● *nicht* → Campus

canapé *m* 1. Liege *f*, ⟨Kanapee *n*⟩ 2. *Kochk* ⟨Canapé *n*⟩, belegtes Weißbrot *n*

canciller *m* 1. ⟨Kanzler *m*⟩ 2. *Cu* Außenminister *m*

candidatura *f* 1. ⟨Kandidatur *f*⟩ 2. *Cu* Promotion *f* A

cantina *f* 1. ⟨Kantine *f*⟩ 2. Weinkeller *m* 3.: ~**s** *Pl veralt Mex* Proviantkiste *f* 4. *Cu* Milchkrug *m*

canto *m* 1. Lied *n*, Gesang *m* 2. ⟨Kante *f*⟩

cañón *m* 1. ⟨Kanone *f*⟩, Geschütz *n* 2. Gewehrlauf *m* 3. Federkiel *m*; Bartstoppel *f*; Strohhalm *m* 4. *Bergb* Stollen *m* 5. *Geogr* ⟨Cañon *m*⟩, Klamm *f*
● *nicht* → Kanon

capa *f* 1. ärmelloser Mantel *m*, Umhang *m*, Pelerine *f* 2. *Pol, Geol* Schicht *f* 3. *Zigarre* Deckblatt *n*
● *nicht* → Kappe

capacidad *f* 1. Fassungsvermögen *n*, Inhalt *m*; *Tech* ⟨Kapazität *f*⟩ 2. Befähigung *f*, Talent *n*, Fähigkeit *f*
● *nicht* → Kapazität (*Fachmann*)

capilla *f* 1. ⟨Kapelle *f*⟩ 2. Kapuze *f*

¹**capital** *f* Hauptstadt *f*
● *nicht* → Kapital, Kapitel

²**capital** *Adj* 1. *übertr* hauptsächlich; *Verbrechen* schwer, ⟨Kapital-⟩ 2.: **pena** *f* ~ Todesstrafe *f*; **enemigo** *m* ~ Todfeind *m*; **pecado** *m* ~ Todsünde *f*

capitán *m* 1. Hauptmann *m* 2. *Mar* ⟨Kapitän *m*⟩ 3. *Cu* Oberkellner *m*

carácter *m* 1. ⟨Charakter *m*⟩ 2. Buchstabe *m*

cardinal *Adj* 1. hauptsächlich 2.: **los números** ~**es** die Grund- *od* Kardinalzahlen
● *nicht* → Kardinal

cargo *m* 1. Amt *n*, Posten *m*; Funktion *f*; **cesar en el ~** aus dem Amt scheiden 2. Beschuldigung *f* 3. Last *f*, Gewicht *n*
● *nicht* → Kargo

carrerista *m* Turnierreiter *m*, Zuschauer *m od* Wetter *m* beim Pferderennen
● *nicht* → Karrierist

carta *f* 1. Brief *m* 2. *Pol* ⟨Charta *f*⟩ 3. (Spiel-) ⟨Karte *f*⟩ 4. *Geogr* ⟨Karte *f*⟩

cartel *m* 1. Anschlag(zettel) *m*; Plakat *n*, Poster *n* 2. *Hdl* ⟨Kartell *n*⟩

cartón *m* Pappe *f*; Pappdeckel *m*, ⟨Karton *m*⟩
● *nicht* → Karton (*Behältnis*)

caseta *f* Umkleidekabine *f*
● *nicht* → Kassette

cátedra *f* 1. *selten* ⟨Katheder *n*⟩ 2. *Hochsch* Lehrstuhl *m*, Wissenschaftsbereich *m*

caución *f* 1. Behutsamkeit *f*, Vorsichtsmaßnahme *f* 2. *Hdl od Jur* ⟨Kaution *f*⟩, Bürgschaft *f*, Gewähr *f*

cebra *f* 1. ⟨Zebra *n*⟩ 2. *Verkehr* Zebrastreifen *m*

censar *intr* eine Volkszählung vornehmen *od* durchführen
● *nicht* → zensieren

censura *f* 1. *Pol* ⟨Zensur *f*⟩ 2. *allg* Tadel *m*, Kritik *f*
● *nicht* → Zensur (*Päd*)

censurar *tr* 1. ⟨zensieren⟩ 2. *etw.*, *jmdn.* tadeln; *etw.* beanstanden, verurteilen

¹**central** *f* ⟨Zentrale *f*⟩, Hauptstelle *f*; *Pol* Vereinigung *f*

²**central** *m Cu* Zuckerraffinerie *f*, -fabrik *f*

centro *m* 1. *allg*, *Geom*, *Pol* ⟨Zentrum *n*⟩, Mittelpunkt *m* 2.: **~ de gravedad** *Phys* Schwerpunkt *m* 3.: **~ de mesa** Tafelaufsatz *m*

ceremonia *f* 1. *Pol*, *Dipl* ⟨Zeremoniell *n*⟩ 2. Förmlichkeit *f* 3.: **sin ~s** ohne Umstände

cifra f 1. ⟨Ziffer f⟩, Zahl f 2. ⟨Chiffre f⟩, Geheimzeichen n, verschlüsseltes Schriftzeichen n 3. *seltener* Namenszug m, -abkürzung f

cigarillo m Zigarette f
● *nicht* → Zigarillo

cimiento m Fundament n
● *nicht* → Zement

círculo m 1. *Geom* Kreis(fläche) m(f) 2. *Math, allg* ⟨Zirkel m⟩ 3. *Kunst* ⟨Zirkel m⟩; *Lit veralt* Cercle m 4. Klub m, Kasino n 5. *Cu:* ∼ **infantil** Kindergarten m; Kindertagesstätte f 6. *Cu:* ∼ **social** *etwa* Gewerkschaftsklub m; ∼ **juvenil** Jugendklubhaus n

cita f 1. ⟨Zitat n⟩ 2. Verabredung f, Stelldichein n, Rendezvous n

citar tr 1. vorladen, herzitieren, zu einer Zusammenkunft bestellen 2. *jmdn., etw.* ⟨zitieren⟩

clausura f 1. Abschluß(veranstaltung) m(f) 2. Schließung f 3. *Rel* ⟨Klausur f⟩
● *nicht* → Klausur (*Hochsch*)

closet m *Am* Wand-, Einbauschrank m
● *nicht* → Klosett

código m 1. ⟨Code m⟩, ⟨Kode m⟩ 2. ⟨Kodex m⟩ 3.: ∼ **civil** (bürgerliches) Strafgesetzbuch n 4.: ∼ **del tránsito** Straßenverkehrsordnung f

codo m 1. Ellenbogen m 2. *Foto* Krümmung f
● *nicht* → Kode, Code

cofre m Truhe f; *selten* Kleiderkiste f
● *nicht* → Koffer

colaborador m Mitarbeiter m
● *nicht* → Kollaborateur

colegial I. *Subst/m(f)* Schüler(in) m(f), *veralt* Zögling m; *Span* Bewohner m eines «colegio mayor» (*Internat*) II. *Adj* 1. schulisch; zum Kolleg(ium) gehörig 2. ⟨kollegial⟩

cólera

¹**cólera** *f* Wut *f*, Zorn *m*
²**cólera** *m Med* ⟨Cholera *f*⟩

columna *f* 1. *Mil* Kolonne *f* 2. *Typ, Ztgsw* ⟨Kolumne *f*⟩ 3. *Arch* Säule *f*, ⟨Kolumne *f*⟩ 4.: ~ **vertebral** Rückgrat *n*

¹**coma** *f Gramm* ⟨Komma *n*⟩
²**coma** *m Med* ⟨Koma *n*⟩; Betäubung *f*

comandante *m* 1. Kommandeur *m* 2. *Cu* ⟨Comandante *m*⟩ Ehrentitel der Revolution

comando *m* 1. *Mil, Pol* ⟨Kommando *n*⟩ 2. *Cu auch f* Schultertasche *f*

cómica *f Theat* komische Alte *f*, Schauspielerin *f* in komischen Rollen
● *nicht* → Komik

comisión *f* 1. ⟨Kommission *f*⟩, Ausschuß *m* 2. Auftrag *m* 3. *Hdl* Provision *f* 4. Begehen *n eines Verbrechens*

comparsa *m* 1. *Theat* ⟨Komparse *m*⟩ 2. Faschingstruppe *f*

compás *m* 1. Zirkel *m* 2. ⟨Kompaß *m*⟩ 3. *Mus* Takt *m* 4. Schritt(maß) *m(n)*

competencia *f* 1. ⟨Kompetenz *f*⟩ 2. *Sport* Wettkampf *m* 3. *kap Ges Pol, Hdl* Wettbewerb *m*, Konkurrenz *f*

complemento *m* 1. Ergänzung *f*, Vollendung *f* 2. *Gramm* Objekt *n*, Ergänzung *f*
● *nicht* → Kompliment

compota *f* Obstmus *n*; *Cu als* Kindernahrung *f flüssig*
● *nicht* → Kompott

compromiso *m* 1. *Pol, allg* ⟨Kompromiß *m*⟩ 2. Verlobung *f* 3. *soz Ges* (Wettbewerbs-) Verpflichtung *f*

comunicación *f* 1. *Ling, Tech* ⟨Kommunikation *f*⟩ 2.: **no hay** ~ **con La Habana** [es gibt] keine Verbindung mit Havanna

concepción *f* 1. *Biol* Empfängnis *f* 2. *übertr* Auffassung *f* 3.: ~ **del mundo** Weltanschauung *f*
● *nicht* → Konzeption

concepto *m* 1. Begriff *m* 2. Idee *f*, Auffassung *f*, Ansicht *f*, Vorstellung *f*, Konzeption *f* 3.: **en ~ de** in der Eigenschaft als ; **en mi ~** meiner Meinung nach
● *nicht* → Konzept

concurrencia *f* 1. Zusammentreffen *n*, -fall *m* 2: Zulauf *m*, Zusammenströmen *n von Käufern*; Gedränge *n*, Menschenauflauf *m* 3. Publikum *n*, Anwesende *Pl* 4. Hilfe *f*, Beistand *m*
● *nicht* → Konkurrenz

concurrente I. *Subst/m* Besucher *m*, Teilnehmer *m* II. *Adj* mitwirkend
● *nicht* → Konkurrent

concurrir *intr* 1. zusammenkommen 2. an einem Preisausschreiben (concurso) *od* einer (Aufnahme-) Prüfung teilnehmen *bzw.* sich dafür melden
● *nicht* → konkurrieren

concurso *m* 1. Zulauf *m* 2. Wettbewerb *m*; Preisausschreiben *n* 3.: **~ de admisión** Aufnahme-, Eignungsprüfung *f*
● *nicht* → Konkurs

condolerse *refl* Mitleid haben (**de** mit), bemitleiden (**de alg.** jmdn.)
● *nicht* → kondolieren

conducto *m* (Leitungs-) Röhre *f*, Rinne *f*
● *nicht* → Kondukt

confección *f* 1. An-, Verfertigung *f* 2. ⟨Konfektion *f*⟩

conferencia *f* 1. ⟨Konferenz *f*⟩ 2. Vorlesung *f*; Vortrag *m*; *selten* Kolleg *n* 3. Beratung *f*

conferenciante *m*, **conferencista** *m* Vortragender *m*, Lesender *m*
● *nicht* → Conferencier

conferir I. *tr* Orden, *Eigenschaft* verleihen *auch übertr* II. *intr* ⟨konferieren⟩, beraten (**con** mit, **sobre** über)

confesión *f* 1. *übertr* Bekenntnis *n* 2. *Rel* Beichte *f*
● *nicht* → Konfession

confusión f 1. Beschämung f, Verlegenheit f, Betretenheit f 2. ⟨Konfusion f⟩, Verworrenheit f, Verwirrung f 3. Durcheinander n

conjuntivo I. *Adj* Binde- II. *Subst/m veralt Gramm* ⟨Konjunktiv m⟩

conservativo *Adj Chem* erhaltend, konservierend
● *nicht* → konservativ

consumar *tr* 1. vollenden; vollziehen; vollbringen 2. *Verbrechen* begehen
● *nicht* → konsumieren

consumir *tr* 1. ⟨konsumieren⟩ 2. *übertr etw., jmdn.* auf-, verzehren, verbrauchen, quälen 3. *etw.* zerstören

convicto *Adj, Part eines Verbrechens* überführt
● *nicht* → Konvikt

coraje m 1. Zorn m, Wut f 2. ⟨Courage f⟩, Mut m

coral m 1. *Zool* ⟨Koralle f⟩ 2. *Mus* ⟨Choral m⟩ 3. *Ven* Giftschlange f

corona f 1. Krone f 2. *Astr* ⟨Korona f⟩ 3.: ∼ **de flores** Blumenkranz m

corporal m geweihtes Meßtuch n
● *nicht* → Korporal

crema f 1. *Kosmetik* ⟨Creme f⟩ 2. Sahne f 3. *übertr* ⟨Creme f⟩ der Gesellschaft

cuadrilla f 1. *Stierkampf* ⟨Cuadrilla f⟩ 2. *Tanz* ⟨Quadrille f⟩ 3. Räuberbande f; Trupp m, Haufen m 4. *Handwerker* Brigade f

cuánto *Adj, Adv* wieviel
● *nicht* → Quantum

culto *Adj* 1. gebildet, kultiviert 2. höflich 3. *Stil* schwülstig

cumplimiento m 1. Erfüllung f 2. Vollziehung f
● *nicht* → Kompliment

curar *tr Med* heilen *auch allg*, ⟨kurieren⟩

curioso *Adj* 1. neugierig, wißbegierig 2. *selten* ⟨kurios⟩, seltsam

CH

chocolate *f* 1. ⟨Schokolade *f*⟩ 2. Trinkschokolade *f*, Schokomilch, *f*, Kakao *m*; **tomar** ∼ Kakao trinken

D

dato *m* Angabe *f*; Fakt *m*; ∼s *Pl* Daten *n/Pl*
● *nicht* → Datum
decano *m* 1. *Hochsch* ⟨Dekan *m*⟩; *DDR auch etwa* Sektionsdirektor *m* 2. *Dipl* Doyen *m*
declinar I. *tr* 1. *Gramm* ⟨deklinieren⟩ 2. *Auszeichnung, Preis, Verantwortung* ablehnen II.: ∼se zu Ende gehen; schwächer werden; sich neigen
degenerar *intr* 1. *Biol* ⟨degenerieren⟩ *auch allg, pej* 2. *allg* ausarten (**en** in)
delfín *m* 1. ⟨Delphin *m*⟩ 2. Dauphin *m*
delicadez *f* 1. Schwächlichkeit *f* 2. Empfindlichkeit *f*, Reizbarkeit *f*
● *nicht* → Delikatesse
delicadeza *f* 1. Zartheit *f* 2. Zart-, Taktgefühl *n*
● *nicht* → Delikatesse
delicado *Adj* 1. kränklich, empfindlich 2. *übertr* ⟨delikat⟩
demisión *f* Demut *f*, Unterwürfigkeit *f*
● *nicht* → Demission
demostración *f* 1. ⟨Demonstration *f*⟩, Beweisführung *f*, Beweis *m* 2. Bekundung *f*
● *nicht* → Demonstration *Pol*
demostrar *tr* 1. *Log* ⟨demonstrieren⟩, beweisen 2. bekunden 3. vorführen, ⟨demonstrieren⟩
● *nicht* → demonstrieren *Pol*

denunciar *tr* 1. *jmdn.* ⟨denunzieren⟩, *jmdn., etw.* anzeigen 2. verraten, künden von *in passivischer Bedeutung*

departamento *m* 1. Abteilung *f*; *Hochsch auch* Wissenschaftsbereich *m* 2. *Eisenb* Abteil *n* 3. *Verwaltungseinheit, bes. Frankreich* ⟨Departement *n*⟩ 4. *Mex* Appartment *n*, Wohnung *f*

descifrar *tr* ⟨dechiffrieren⟩, entziffern

desesperado *Adj* verzweifelt, ausweglos
● *nicht* → Desperado

desierto *m* Wüste *f*, Einöde *f*
● *nicht* → Dessert

desinterés *m* Uneigennützigkeit *f*, Selbstlosigkeit *f*; *selten* ⟨Desinteresse *n*⟩

devisa *f* Erbsitz *m*
● *nicht* → Devise

devoto *Adj* 1. fromm, gläubig 2. ⟨devot⟩, ergeben, zugetan; achtungsvoll, ehrerbietig 3. unterwürfig, gefügig, ⟨devot⟩

dieta *f* 1. *Med* ⟨Diät *f*⟩ 2. *Cu* Tagegeld *n*; ~s *Pl* ⟨Diäten *f*/*Pl*⟩ 3. *Hist* Land-, Reichstag *m*

diluvio *m* 1. Wasser-, Sintflut *f*; Platzregen *m* 2. *übertr* Flut *f*
● *nicht* → Diluvium

diputado *m* Abgeordneter *m*
● *nicht* → Deputat

dirección *f* 1. Richtung *f* 2. ⟨Direktion *f*⟩, Leitung *f*; Direktorat *n* 3. *Kfz* Lenkung *f* 4. Adresse *f*, Anschrift *f* 5. *Mus* Dirigat *n*

director *m* 1. ⟨Direktor *m*⟩ 2. *Mus* Dirigent *m*

directorio *m* 1. ⟨Direktorium *n*⟩, Verwaltungsrat *m*, oberste Verwaltungsbehörde *f* 2. Leitfaden *m*, Richtschnur *f* 3. Adreßbuch *n*; ~ **telefónico** Fernsprechbuch *n*

dirigente *m* 1. *Wirtsch* Leiter *m* 2. *Pol* -führer *m*, *soz Ges auch* -funktionär *m*; *selten* Führer *m meist pej*; ~s *Pl* **del Partido** führende Genossen *Pl* 3. *soz Ges* Leitungskader *m*
● *nicht* → Dirigent

dirigir *tr* 1. *Mus* ⟨dirigieren⟩ 2. *Wirtsch Betrieb u. a.* leiten, führen

disco *m* 1. *Tel* (Nummern-) Scheibe *f* 2. *Sport* ⟨Diskus *m*⟩ 3. Schallplatte *f*; **estar siempre con el mismo** ~ *übertr* immer wieder die gleiche Platte auflegen
● *nicht* → Disko

discoteca *f* 1. *Span* ⟨Disko[thek]*f*⟩ 2. *Cu, Span* Schallplattensammlung *f*, Plattenarchiv *n* 3. Schallplattenladen *m* 4. Schallplattenschrank *m*

discriminar *tr* 1. unterscheiden; aussuchen 2. *jmdn.* ⟨diskriminieren⟩, herabsetzen, als minderwertig behandeln

disertación *f* gelehrte Abhandlung *f*, wissenschaftlicher Vortrag *m*
● *nicht* → Dissertation

diversión *f* 1. Zeitvertreib *m*, Zerstreuung *f* 2. Lustbarkeit *f*, Vergnügen *n*
● *nicht* → Diversion

divisa *f* 1. ⟨Devise *f*⟩, Wahlspruch *m*; Kennzeichen *n* 2. ⟨Devisen *f/Pl*⟩, Valuta *f/Pl* 3. *Mil* Rangabzeichen *n*

doctor *m* 1. Arzt *m* 2. *Hochsch akadem. Grad* ⟨Doktor *m*⟩, *meist* Dr. med.

doméstico *m* Hausdiener *m*, Bediensteter *m*, Dienstbote *m*, *veralt* ⟨Domestik *m*⟩

domo *m Arch* Kuppel *f*
● *nicht* → Dom

dragar *tr Fluß* säubern, (aus)baggern
● *nicht* → dragieren

dramaturgo *m* Dramatiker *m*, Dramenschreiber *m*
● *nicht* → Dramaturg

duro *m* 1. ⟨Duro *m*⟩ *span. Silbermünze* 2. *übertr* Knauser *m*, Knicker *m*
● *nicht* → Dur

E

ecónomo *m* 1. Verwalter *m*, *selten* ⟨Ökonom *m*⟩ 2. Wirtschaftswissenschaftler *m*

efecto *m* 1. ⟨Effekt *m*⟩, Wirkung *f*, Auswirkung *f* 2.: ~**s** *Pl* **electrodomésticos** elektrische Haushaltgeräte *n*/*Pl* 3.: ~**s** *Pl* **personales** bewegliche Habe *f*, ⟨Effekten *Pl*⟩

ejecutar *tr* 1. ⟨exekutieren⟩, hinrichten 2. *allg Arbeit* ausführen 3. *Jur Schuldner* pfänden

ejercer *tr* 1. *Einfluß*, *Druck* ausüben 2. *Befehl* aus-, durchführen
● *nicht* → exerzieren

elaborado *Part, Adj* ausgearbeitet; verarbeitet; angefertigt
● *nicht* → Elaborat

elevador 1. Aufzug *m*, Fahrstuhl *m* 2. *Tech* ⟨Elevator *m*⟩

emigrado *m Pol* Emigrant *m*

emigrante *m* Auswanderer *m*, Siedler *m*; **obrero** *m* ~ *BRD* Gastarbeiter *m*
● *nicht* → Emigrant

eminencia *f* 1. *Anrede* ⟨Eminenz *f*⟩ 2. *übertr* Vorzüglichkeit *f*, Erhabenheit *f* 3. Anhöhe *f*, Erhebung *f* 4. *Gebirge* Vorsprung *m*

emitir *tr* 1. *Briefmarken*, *Währung* herausgeben, in Umlauf bringen, ⟨emittieren⟩ 2. *Meinung* äußern; *Urteil*, *Stimme* abgeben 3. *Phys, Tech* aus-, abstrahlen, ausströmen, senden
● *nicht* → exmittieren

episodio *m* 1. *allg, Mus* ⟨Episode *f*⟩, Zwischenspiel *n* 2. *Lit* ⟨Episode *f*⟩, Nebenhandlung *f* 3. *TV* Folge *f einer Serie*

equipaje *m* 1. Gepäck *n*; Habseligkeiten *f*/*Pl*; Ausrüstung *f* 2. *Mil* Troß *m*, Train *m*
● *nicht* → Equipage

erupción *f* 1. ⟨Eruption *f*⟩, (Vulkan-) Ausbruch *m* 2. *Med* Hautausschlag *m*

escenario *m* 1. Bühne *f*, Bühnenraum *m* 2. Szenerie *f*
● *nicht* → Szenarium

escribiente *m* Schreiber *m*; Abschreiber *m*
● *nicht* → Skribent

esfera *f* 1. ⟨Sphäre *f*⟩, Bereich *m* 2. Kugel *f* 3. *Uhr* Zifferblatt *n*

espectro *m* 1. Gespenst *n* 2. ⟨Spektrum *n*⟩

especular I. *tr* erforschen II. *intr* 1. *Hdl* ⟨spekulieren⟩(**con** mit, **sobre** auf) 2. *selten* nachdenken, -sinnen, grübeln (**sobre** über)

espíritu *m* 1. Geist *m*, Hauch *m*, Atem *m* 2. Seele *f*; *übertr* Gemüt *n* 3. Lebendigkeit *f*, Lebhaftigkeit *f*; *übertr* Esprit *m* 4. Mut *m*, Lebenskraft *f* 5. *Chem* ⟨Spiritus *m*⟩; Sprit *m*; Spirituose *f*

estación *f* 1. Jahreszeit *f*; Saison *f* 2. Zustand *m*, Lage *f* 3.: ∼ **meteorológica** Wetterdienststelle *f*, meteorologische ⟨Station *f*⟩ 4. *Eisenb* ⟨Station *f*⟩, Bahnhof *m*

estadista *m* 1. Staatsmann *m* 2. Statistiker *m*
● *nicht* → Statist

estado *m* 1. Staat *m* 2. Stadium *n* 3.: **estar en** ∼ schwanger *od* in anderen Umständen sein
● *nicht* → Etat

estrado *m* 1. Podium *n* 2. Auflagebrett *n in Bäckereien* 3. *veralt* Empfangszimmer *n* 4.: ∼s *Pl Jur* Gerichtssaal *m*
● *nicht* → Estrade (*Veranstaltung*)

estrangular *tr* 1. ⟨strangulieren⟩, erdrosseln, erwürgen 2. *Med* ⟨strangulieren⟩, abbinden, drosseln

estudiante *m* 1. Oberschüler *m* 2. ⟨Student *m*⟩

estudiar I. *tr* 1. ⟨studieren⟩, genau erforschen, beobachten, untersuchen, erkunden 2. *Theat* einüben, einstudieren, auswendig lernen 3. ausdenken; überlegen, überdenken, nachdenken über II. *intr Hochsch* ⟨studieren⟩; *Schule* lernen

estudio *m* 1. ⟨Studium *n*⟩; Lernen *n* 2. ⟨Studie *f*⟩ 3. *Film, Radio, TV* ⟨Studio *n*⟩, Atelier *n* 4. Studier-, Arbeitszimmer *n* 5. Fleiß *m* 6. *Span* großes Einraumwohnhaus *n*

etiqueta *f* 1. ⟨Etikett *n*⟩, Aufkleber *m*, *bes.* aufgeklebtes Preisschild *n* 2. ⟨Etikette *f*⟩, Sitte *f*, Vorschrift *f*

exceso *m* 1. ⟨Exzeß *m*⟩, Übermaß *n*, Ausschweifung *f*, Unmäßigkeit *f* 2. *Wirtsch* Überschuß *m* 3.: ∼s *Pl allg, Pol* ⟨Exzesse *m/Pl*⟩, Ausschreitungen *f/Pl* 4.: **por** ∼ überschwenglich

éxito *m* Erfolg *m*
● *nicht* → Exitus

expediente *m* 1. *Jur* Rechtssache *f*; Gerichtsverfahren *n* 2. Gesuch *n*; **instruir un** ∼ ein Gesuch einreichen 3. Akte *f*; ∼ **(acumulativo)** Personalakte *f*; ∼ **académico** Studienunterlagen *f/Pl*; ∼ **laboral** *od* **personal** Kaderakte *f*
● *nicht* → Expedient

experiencia *f* 1. Experiment *n* 2. Erfahrung *f*; Erlebnis *n*

explotar I. *intr* ⟨explodieren⟩, platzen II. *tr Bergb* ausbeuten; *Pol* jmdn., etw ausbeuten, *veralt* ⟨exploitieren⟩

expropiar *tr* enteignen, *veralt* ⟨expropriieren⟩

extraer *tr* 1. *Chem* ⟨extrahieren⟩, auslaugen, ausziehen, gewinnen (**de** aus) 2. exzerpieren, einen Auszug machen aus 3. *Med* ⟨extrahieren⟩; *Zahn* ziehen 4. *Math Wurzel* ziehen 5. *Waren* ausführen

F

fabricación *f* 1. ⟨Fabrikation *f*⟩, Herstellung *f* 2. Fabrikat *n*

facultad *f* 1. *Hochsch* ⟨Fakultät *f*⟩ 2. Kraft *f*, Gabe *f*, Fähigkeit *f* 3. *Math* ⟨Fakultät *f*⟩ 4. Recht *n*, Erlaubnis *f*, Genehmigung *f*

falta *f* 1. Fehler *m*, Vergehen *n* 2. Mangel *m*, Fehlen *n*
● *nicht* → Falte

fama *f* 1. ⟨Fama *f*⟩, Gerücht *n* 2. [guter] Ruf *m*, Name *m* 3. Berühmtheit *f*, Ruhm *m*

familiar *Adj* 1. die Familie betreffend, ⟨familiär⟩ 2. vertraut, vertraulich, ⟨familiär⟩ 3. einfach, schlicht

fantasía *f* 1. ⟨Phantasie *f*⟩, Einbildungskraft *f*, Vorstellungsvermögen *n* 2. ⟨Phantasie *f*⟩, Trugbild *n*, Wahnvorstellung *f*; Einbildung *f*, plötzlicher Einfall *m* 3. *Mus* ⟨Fantasie *f*⟩ 4. Großtuerei *f* 5. Modeschmuck *m*

fatal *Adj* 1. ⟨fatal⟩, verhängnisvoll, unselig 2. *Unfall* tödlich 3. schicksalhaft, vorbestimmt, unausweichlich 4. *Auftreten, Schrift* unvorteilhaft, sehr schlecht
● *nicht* → fatal (*peinlich*)

feria *f* Messe *f*
● *nicht* → Ferien

festividad *f* 1. Feierstunde *f*, feierliche Veranstaltung *f* 2. Fest *n*, Festlichkeit *f*, ⟨Festivität *f*⟩

figura *f* 1. ⟨Figur *f*⟩ 2. *Kunst, Pol* Persönlichkeit *f*

filigrana *f* 1. ⟨Filigran *n*⟩ 2. Wasserzeichen *n*

firma *f* 1. *allg* Unterzeichnung *f*; Unterschrift *f* 2. *Hdl* ⟨Firma *f*⟩, Unternehmen *n*

físico *m* 1. ⟨Physiker *m*⟩ 2. Gestalt *f*, Körperbeschaffenheit *f*, ⟨Physis *f*⟩; Aussehen *n*, Äußeres *n*

flauta *f* Flöte *f*
● *nicht* → Flaute

flor *f* Blume *f*, Blüte *f*
● *nicht* → Flor

florista *m*, *f* Blumenhändler(in) *m* (*f*)
● *nicht* → Florist (*Blumenzüchter*)

flota *f* Flotte *f*
● *nicht* → Flöte

foco *m* 1. *Phys* ⟨Fokus *m*⟩, Brennpunkt *m* 2. *Med* Eiterherd *m* 3. *übertr* Herd *m*; ∼ **de tensión** Spannungsherd *m* 4. *Cu* Glühlampe *f*, -birne *f*

fondo *m* 1. Grund *m*, Boden *m*; Tiefe *f*; Meeresboden *m* 2.: **en el** ∼ im Grunde; **ir al** ∼ **de algo** einer Sache auf den Grund gehen 3. *Mal, Ling* Hintergrund *m* 4. *Hdl* ⟨Fonds *m*⟩ 5.: **artículo** *m* **de** ∼ Leitartikel *m*
● *nicht* → Fundus

formación *f* 1. *Päd* Bildung *f*, Ausbildung *f* 2. *Pol, Gesch* Gesellschaftsordnung *f*, *auch* Gesellschafts- ⟨Formation *f*⟩ 3. *allg* Herausbildung *f*, Formierung *f*, Gebilde *n* 4. *Mil* ⟨Formation *f*⟩, Truppenverband *m*

formalidad *f* 1. ⟨Formalität *f*⟩, Formvorschrift *f*; Förmlichkeit *f* 2. Rechtschaffenheit *f*, Zuverlässigkeit *f*

formular *tr* 1. ⟨formulieren⟩ 2.: ∼ **un deseo** einen Wunsch zum Ausdruck bringen *od* äußern; ∼ **una queja** eine Klage vorbringen 3.: ∼ **una receta** ein Rezept (aus)schreiben

forraje *m* 1. Viehfutter *n* 2. Gemengsel *n*, Mischmasch *m*
● *nicht* → Furage

forzar *tr* 1. *jmdn.* zwingen; vergewaltigen 2. *Mil* sich gewaltsam Eintritt verschaffen in, *Hindernis* überwinden, *selten* ⟨forcieren⟩
● *nicht* → forcieren (*allg*)

fracción *f* 1. *Pol, allg* ⟨Fraktion *f*⟩ 2. Teil *n*, Bruchstück *n* 3. Teilung *f* 4. *Math* Bruch *m*, Bruchzahl *f*
● *nicht* → Fraktion (*Parl*)

franquear I. *tr* 1. *Briefe* ⟨frankieren⟩ 2. *von Hindernissen* befreien 3. ausnehmen (**de** von) 4. öffnen; offen lassen 5.: ∼ **el paso** den Weg freigeben 6.: ∼ **la puerta** *od* **la entrada** in ein Haus eindringen II. *intr* frei haben, einen freien Tag haben *od* arbeitsfrei haben

fuga *f* 1. Flucht *f*, Ausreißen *n* 2. *Mus* ⟨Fuge *f*⟩ 3. *Tech* Ausströmen *n*: ∼ **de gas** Gasaustritt *m*
● *nicht* → Fuge (*Tech*)

función *f* 1. ⟨Funktion *f*⟩, Amt *n*, Aufgabe *f* 2. *Theat, Kino* Vorstellung *f*

fundido *Adj* 1. geschmolzen; verschmolzen; *Birne* durchgebrannt; *Motor* festgefressen 2. *Am* pleite
● *nicht* → fundiert

fundir *tr* 1. *Erz* (ein)schmelzen 2. gießen 3. *übertr* verschmelzen, innig verbinden 4. *Am* zugrunde richten, ruinieren
● *nicht* → fundieren

furor *m* 1. *veralt* ⟨Furor *m*⟩, Wut *f*, Raserei *f*, Wildheit *f* 2. ⟨Furore *f*⟩, Begeisterung *f*, tosender Beifall *m* 3.: **hacer** ~ ⟨Furore⟩ machen 4. Leidenschaft *f*; Wahnsinn *m*

G

gaceta *f* 1. *Ztgsw* Blatt *n* 2. *Jur*: ~ **oficial** Gesetzblatt *n*
● *nicht* → Gazette (*pej*)

galera *f* 1. Reise-, Last-, Frachtwagen *m* 2. ⟨Galeere *f*⟩, Ruderschiff *n* 3. *Mex* Schuppen *m* 4. *Typ* Fahne *f*

galería *f* 1. *Bergb* Stollen *m*, (Förder-) Strecke *f*, ⟨Galerie *f*⟩ 2. *Mil* bedeckter Weg *m*, Laufgang *m*, ⟨Galerie *f*⟩ 3. *Theat* oberster Rang *m*, *früher* ⟨Galerie *f*⟩; *Kunst* ⟨Galerie *f*⟩ 4. *Mar* Mittelteil *n* des Decks 5. *Span Gall* Kaufhaus *n*

garaje *m* 1. ⟨Garage *f*⟩ 2. *Cu auch* Tankstelle *f* 3. *Am* Autowerkstatt *f*

gasa *f* 1. ⟨Gaze *f*⟩; Flor *m* 2. Trauerflor *m* 3. Schleier *m*
● *nicht* → Gasse

gastrónomo *m* 1. Feinschmecker *m* 2. *selten* ⟨Gastronom *m*⟩

generalidad *f* 1. Allgemeinheit *f* 2. Unbestimmtheit *f*, Vagheit *f* 3. Mehrheit *f* 4.: **la** ~ **de Cataluña** *Autonome Regierung von Katalonien*

genio *m* 1. *Person* ⟨Genie *n*⟩, ⟨Genius *m*⟩ 2. Talent *n*; Geist *m* 3. Charakter *m* 4.: **estar de mal** ~ schlechter Laune sein
gesta *f* Helden-, Ruhmestat *f*
● *nicht* → Geste
gimnasio *m* 1. Turnhalle *f* 2. *BRD* ⟨Gymnasium *n*⟩
gimnasta *m, f* 1. Athlet(in) *m(f)*; (Vor-) Turner(in) *m(f)* 2. Gymnastik Treibender (Treibende) *m(f)*
● *nicht* → Gymnasiast
giro *m* 1. Kreislauf *m*; Umlauf *m*; Drehung *f* 2. *Gramm, allg* Wendung *f*; **tomar otro** ~ eine andere Wendung nehmen 3. *Hdl, Fin* Wechsel *m*; Zahlungsanweisung *f* 4.: **cuenta** *f* **de** ~ ⟨Giro-⟩ Konto *n*
gobernante *m* 1. Herrscher *m* 2. Regent *m*
● *nicht* → Gouvernante
goma *f* 1. Gummi *m* 2. Klebstoff *m* 3. *Cu Auto* Reifen *m*
gracia *f* 1. Anmut *f*, ⟨Grazie *f*⟩, (Lieb-) Reiz *m* 2. Gnade *f*, Gunst *f*, Begnadigung *f*; Wohltat *f* 3. Dankbarkeit *f*, Dank *m*; **dar las** ~**s** Dank sagen 4. Witz *m*, witziger Einfall *m* 5.: **no me hace** ~ das gefällt mir nicht, das macht mir keinen Spaß
grado *m* 1. ⟨Grad *m*⟩, Stufe *f*, Rang *m* 2. Würde *f* 3.: **de buen (mal)** ~ *Adv* (un)gern, gut- (un)willig
graduar* I. *tr* 1. *Mil* einen [höheren] Dienstgrad verleihen, befördern II. ~**se** einen Abschluß erlangen (**de** als); ein Studium absolvieren, studieren (**en** in)
gráfico *m* Zeichnung *f*, ⟨Graphik *f*⟩
● *nicht* → Graphiker
granada *f* 1. *Mil* ⟨Granate *f*⟩ 2. Granatapfel *m*
granate *m Min* ⟨Granat *m*⟩
● *nicht* → Granate
grandeza *f* 1. Größe *f*, Macht *f*, Pracht *f* 2. ⟨Grandezza *f*⟩, Grandenwürde *f* 3. ⟨Grandezza *f*⟩, würdevolles Benehmen *n*, hoheitsvolle Zurückhaltung *f*

guarnición f 1. *Mil* ⟨Garnison f⟩, Besatzung f 2. *Kochk* Garnierung f 3. Pferdegeschirr n

H

habilitación f 1. Bevollmächtigung f, Ermächtigung f, Befähigung f 2. Bereitstellung f 3. Her-, Vor-, Ausrichten n, Ausrichtung f
● *nicht* → Habilitation (*Hochsch*)
habilitado *Adj* ermächtigt
● *nicht* → habilitiert
habilitar *tr* 1. *jmdn.* beauftragen, bevollmächtigen, ermächtigen; berechtigen; befähigen 2. *etw.* her-, vor-, aus-, einrichten
● *nicht* → habilitieren
hábito m 1. Kleidung f, Tracht f 2. Gewohnheit f
● *nicht* → Habitus
hacienda f 1. ⟨Hazienda f⟩, Landgut n 2. Besitzung f, Vermögen n 3.: **ministro** m **de** ∼ Finanzminister m
hamburguesa f 1. Hamburgerin f 2. Boulette f, deutsches Beefsteak n
héctico *Adj* schwindsüchtig
● *nicht* → hektisch
hectiquez f 1. hohes Fieber n 2. Schwindsucht f
● *nicht* → Hektik
hético = **héctico**
honorario *Adj* 1. ehrenamtlich 2.: **profesor** m ∼ emeritierter Professor m
horrendo *Adj* entsetzlich, ungeheuer
● *nicht* → horrend
humanidad f 1. Menschheit f 2. ⟨Humanität f⟩, Menschlichkeit f, Menschenliebe f

I

iconografía *f* 1. *Ztgsw* Bildmaterial *n*, -gestaltung *f* 2. ⟨Ikonographie *f*⟩

idea *f* 1. ⟨Idee *f*⟩, Gedanke *m*, Vorstellung *f* 2.: **no tener ~** keine Ahnung haben

idiotismo *m* 1. Idiotie *f*, Dummheit *f*, Blöd-, Stumpfsinn *m*, 2. *Ling* Sprach-, Mundarteigentümlichkeit *f*, ⟨Idiotismus *m*⟩

ignorar *tr* 1. *etw.* nicht wissen; *jmdn.*, *etw.* nicht kennen 2. *jmdn.*, *etw.* nicht kennen wollen, *selten* ⟨ignorieren⟩

impertinente *Adj* 1. albern, ungereimt, unsinnig 2. ⟨impertinent⟩, unverschämt, frech 3. unmaßgeblich, irrelevant

imponer I. *tr* 1. *Strafe, Steuer* auferlegen 2. *Meinung* aufdrängen 3. *Orden, Namen* verleihen 4. *Geld* einzahlen (**en la cuenta** auf das Konto) 5. unterrichten (**de** von, **en** in) II. *intr seltener jmdm.* ⟨imponieren⟩, Respekt einflößen

importe *m* Betrag *m*, Summe *f*
● *nicht* → Import

impresión *f* 1. ⟨Impression *f*⟩, Eindruck *m* 2. *Typ* Druck *m*, Drucken *n*

indio *m* 1. Inder *m* 2. Indianer *m*, ⟨Indio *m*⟩

indivíduo *m* 1. *Soziol* ⟨Individuum *n*⟩, Einzelmensch *m*, -wesen *n* 2. *allg*, *oft verächtl* ⟨Individuum *n*⟩, Subjekt *n* 3. *selten Span* Mitglied *n einer Vereinigung*

inmueble *m* [mehrstöckiges] Wohnhaus *n*; Grundstück *n*, ⟨Immobilien *f/Pl*⟩

inspector *m* 1. ⟨Inspektor *m*⟩, Aufseher *m* 2. *Theat* Inspizient *m*

instrucción *f* 1. ⟨Instruktion *f*⟩, Anweisung *f* 2. Bildung *f*; Ausbildung *f* 3. *Jur*: **juez** *m* **de ~** Untersuchungsrichter *m*

inteligencia *f* 1. ⟨Intelligenz *f*⟩, Verstand *m* 2. Geschick(lichkeit) *n(f)* 3. *Mil* Aufklärung *f*; **servicio** *m* **de ~** Geheimdienst *m*

intereses *m/Pl* 1. *allg* ⟨Interessen *n/Pl*⟩ 2. *Fin* Zinsen *m/Pl*

intérprete *m* 1. *Kunst* ⟨Interpret *m*⟩ 2. *Theat, Kino* Schauspieler *m* 3. Dolmetscher *m*

intervención *f* 1. *Pol* ⟨Intervention *f*⟩ 2. Wortmeldung *f*, Diskussionsbeitrag *m*

intervenir I. *intr* 1. *Mil, Jur* ⟨intervenieren⟩ 2. *allg* sich einschalten; eingreifen, helfen 3.: ∼ **en la discusión** in der Diskussion sprechen *od* das Wort ergreifen *od* nehmen II. *tr Med* operieren

invertir *tr* 1. investieren, *Geld* anlegen 2. umkehren, umdrehen

investir *tr* 1. *jmdm.* ein geistliches Amt übertragen, *jmdn.* in ein Amt einweisen 2. ausstatten, versehen (**de** mit)
● *nicht* → investieren

irritar *tr* 1. reizen, erregen, aufregen, ⟨irritieren⟩ 2. in Wut bringen, erzürnen, verbittern; ∼**se** sich erzürnen, zornig *od* böse werden

J

jubilar *intr* ⟨jubilieren⟩, jubeln; ∼**se** in den Ruhestand *od* in Rente gehen
● *nicht* → Jubilar

jubileo *m* 1. Jubelfest *n der Juden* 2. Ablaßjahr *n*
● *nicht* → Jubiläum

jura *f* 1. Treu-, Huldigungseid *m* 2.: ∼ **de la bandera** Fahneneid *m*
● *nicht* → Jura

L

labor *f* 1. Arbeit *f*; Handarbeit *f*; Feldarbeit *f* 2. Mühe *f*
● *nicht* → Labor

laborar *intr* [eifrig] arbeiten
● *nicht* → laborieren
¹**lama** *f* Schlamm *m*
● *nicht* → Lama (*Zool, Rel*)
²**lama** *m* Lama *m buddhist. Priester*
● *nicht* → Lama (*Zool*)
lamentar I. *tr* beklagen, beweinen, bedauern II. *intr umg* (herum-) ⟨lamentieren⟩, klagen, jammern
langosta *f* 1. ⟨Languste *f*⟩ 2. Heuschrecke *f*
lata *f* 1. (Konserven-) Dose *f*; Blech *n* 2. ⟨Latte *f*⟩ *am Dach*
lazareto *m* Quarantänestation *f in* (*Flug-*) *Häfen*
● *nicht* → Lazarett
lector *m* 1. *allg* Leser *m*, Lesender *m* 2. *Hochsch* ⟨Lektor *m*⟩ *bes. Fremdsprachen*
● *nicht* → Lektor (*Verlag*)
léxico *m* 1. Wortschatz *m*, ⟨Lexik *f*⟩ 2. *Ling* ⟨Lexikon *n*⟩
libelo *m* Pamphlet *n*
● *nicht* → Libelle
licencia *f* 1. ⟨Lizenz *f*⟩, Erlaubnis *f*, Genehmigung *f* 2.: ~ **de maternidad** Schwangerschaftsurlaub *m*
limonada *f* Zitronensaft *m*, Erfrischungsgetränk *n aus reinem Zitronensaft*
● *nicht* → Limonade
lineal *Adj* ⟨linear⟩, Linien-
● *nicht* → Lineal
local *m* 1. (öffentliches) Gebäude *n*, Raum *m* 2.: ~ **público** ⟨Lokal *n*⟩ *Gastwirtschaft*
localidad *f* 1. Örtlichkeit *f*, Raum *m*, ⟨Lokalität *f*⟩ 2. *Theat* Platz *m* 3. Eintrittskarte *f* 4. Kleinstadt *f*; Dorf *n*
lujurioso *Adj* unzüchtig, wollüstig, zügellos
● *nicht* → luxuriös

M

maestro *m* 1. Lehrer *m der unteren Klassenstufen* 2. *Mus, Mal* Meister *m*, ⟨Maestro *m*⟩ 3. *veralt* Magister *m*

magistrado *m* 1. Justizbeamter *m*; Richter *m*; *veralt* obrigkeitliche Person *f*
● *nicht* → Magistrat

magneto *m Kfz* Anlasser *m*
● *nicht* → Magnet

mago *m* 1. Zauberer *m*, *selten* ⟨Magier *m*⟩ 2.: **los reyes ∼s** die Heiligen Drei Könige

manco *m* Einarmiger *m*
● *nicht* → Manko

maniobra *f* 1. Handarbeit *f* 2. *Eisenb* Rangieren *n* 3. *Mil* ⟨Manöver *n*⟩

mantel *m* Tischtuch *n*
● *nicht* → Mantel

mapa *m* (Land-) Karte *f*
● *nicht* → Mappe

máquina *f* 1. ⟨Maschine *f*⟩ 2. *umg* Apparat *m* 3. *umg* Wagen *m*, Auto *n* 4. Lokomotive *f*

maquinalmente *Adv* unwillkürlich; ohne Nachdenken. mechanisch, automatisch
● *nicht* → maschinell

maquinista *m* 1. Lok[omotiv]führer *m* 2. Bühnenarbeiter *m* 3. ⟨Maschinist *m*⟩

marcar *tr* 1. *Tech* ⟨markieren⟩ 2. *allg* bezeichnen, kennzeichnen 3. aufschreiben
● *nicht* → markieren (*intr*)

mascar *tr* kauen, käuen
● *nicht* → maskieren

masivo *Adj* 1. *Pol* Massen-; massenhaft; **concentración** *f* **masiva** Massenkundgebung *f*, -meeting *n* 2. *übertr Drohungen* ⟨massiv⟩, stark

mayoría *f* 1. ⟨Majorität *f*⟩, (Stimmen-) Mehrheit *f*; Mehrzahl *f* 2.: ~ **de edad** Großjährigkeit *f*

memorándum *m* 1. *Dipl* ⟨Memorandum *n*⟩, Denkschrift *f* 2. *Cu* Mitteilung *f*, Information *f*

metrópoli *f* 1. ⟨Metropole *f*⟩, Haupt-, Weltstadt *f* 2. Mutterland *n*

mimo *m* 1. *Theat selten* ⟨Mimus *m*⟩; *veralt* ⟨Mime *m*⟩; Possenspieler *m* 2. Verhätschelung *f*, Liebkosung *f*

miseria *f* 1. Elend *n*, Unglück *n*, *selten* ⟨Misere *f*⟩ 2. Not *f*, Trübsal *f* 3. Kleinigkeit *f*, Lappalie *f*

¹**modelo** *m* 1. ⟨Modell *n*⟩, Muster *n* 2. *übertr* Vorbild *n*

²**modelo** *f* Mannequin *n*; (Foto-) ⟨Modell *n*⟩

módico *Adj Preis* ermäßigt, mäßig, erschwinglich
● *nicht* → modisch

modo *m* 1. *Gramm* ⟨Modus *m*⟩ 2. *selten* ⟨Modus *m*⟩, Art *f* und Weise *f*, Beschaffenheit *f*; ~ **de producción** Produktionsweise *f* 3. *Mus* ⟨Modus *m*⟩ *Kirchentonart*

momento *m* 1. *allg* ⟨Moment *m*⟩; *Tech* ⟨Moment *n*⟩ 2.: ~ **histórico** historischer Augenblick *m od* Zeitpunkt *m*

momia *f* 1. ⟨Mumie *f*⟩ 2. *auch* **momio** *m Pol übertr Chi* Reaktionär *m*

monear *intr* 1. sich zieren 2. Unsinn teiben
● *nicht* → monieren

monitor *m* 1. Betreuer *m*, Aufsichtsperson *f* 2. Panzerschiff *n* 3. *TV* ⟨Monitor *m*⟩, Kontrollschirm *m*

montura *f* 1. Reittier *n*; Reitgeschirr *n* 2. *selten* Montage *f*
● *nicht* → Montur

moto *f* Motorrad *n*; Moped *n*
● *nicht* → Motto

móvil *Adj* 1. beweglich, nicht fest 2. *allg, auch Mil* ⟨mobil⟩, einsatzbereit
● *nicht* → mobil (*munter*)

músico *Adj* musikalisch
● *nicht* → musisch

N

nacionalista *Adj* 1. *pej* ⟨nationalistisch⟩ 2. national gesinnt
naturaleza *f* 1. Natur *f*, Wesen *n* 2.: ~ **muerta** *Mal* Stilleben *n*
negativa *f* 1. Verneinung *f* 2. Absage *f*, abschlägige Antwort *f*
● *nicht* → Negativ
neto *Adj Gewichtsangabe, Fin* ⟨Netto-⟩, ⟨netto⟩
● *nicht* → nett
níquel *m* 1. ⟨Nickel *m*⟩ 2. *Cu* 5-Centavos-Münze *f*
nona *f Rel* None *f Gebet*
● *nicht* → Nonne
normalizar *tr* 1. *Pol* ⟨normalisieren⟩ 2. *Tech* normieren
nota *f* 1. *Schule, Mus, Dipl* ⟨Note *f*⟩ 2. Notiz *f*; Fußnote *f*; Randbemerkung *f*, Anmerkung *f*
● *nicht* → Note (*Banknote*)
notar *tr* 1. bemerken, wahrnehmen 2. ⟨notieren⟩, aufzeichnen, vermerken, eintragen, aufschreiben, anmerken
novela *f* Roman *m*
● *nicht* → Novelle
número *m* 1. *Gramm* ⟨Numerus *m*⟩ 2. ⟨Nummer *f*⟩, Zahl *f*, Ziffer *f* 3. Anzahl *f*

O

objetivo *m* 1. Absicht *f*, Ziel *n*, Zweck *m* 2. *Foto* ⟨Objektiv *n*⟩
observación *f* 1. *kriminalistische od wissenschaftliche* Beobachtung *f*, ⟨Observation *f*⟩ 2. Wahrnehmung *f* 3. *allg* Bemerkung *f*
observancia *f* 1. *kriminalistische od wissenschaftliche* Beobachtung *f*, Observation *f* 2. Befolgung *f*, Berücksichtigung *f*, Einhaltung *f* 3. *Rel, Jur selten* ⟨Observanz *f*⟩, Brauch *m*, Ordensregel *f*

obús *m* 1. Granate *f*, Geschoß *n* 2. *Mil* Haubitze *f*, Mörser *m*
● *nicht* → Obus

operación *f* 1. *allg* Vorgang *m*, Tätigkeit *f* 2. *Mil, Chir* ⟨Operation *f*⟩; ~ **cesárea** Kaiserschnitt *m* 3. *Math* Grundrechnungsart *f*

operador *m* 1. *Chir* ⟨Operateur *m*⟩, Chirurg *m* 2. *Film* Kameramann *m* 3. Funker *m*

operar I. *tr* 1. *Chir* ⟨operieren⟩ 2. *allg* vollbringen; *Wunder* bewirken II. *intr* 1. *Med* wirken 2. *Hdl* handeln (**con** mit); ~**se** stattfinden, vor sich gehen

operativo *Adj* 1. aktiv, eingreifend 2. ⟨operativ⟩, unbürokratisch, weitschauend und planvoll tätig
● *nicht* → operativ (*Med*)

operatorio *Adj Chir* operativ *auf das Operieren bezogen*

oportunidad *f* Gelegenheit *f*; Zweckmäßigkeit *f*; *selten* ⟨Opportunität *f*⟩

¹**orden** *m* 1. *allg* Ordnung *f*, Anordnung *f*, Reihenfolge *f*; ~ **del día** Tagesordnung *f* 2. *Pol* Ordnung *f* 3. Regel *f*, Richtschnur *f* 4. *Zool* Klasse *f*, Ordnung *f* 5. Methode *f*, System *n*, Verfahren *n*
● *nicht* → Orden

²**orden** *f* 1. *Mil* Befehl *m*; ~ **del día** Tagesbefehl *m*, ⟨Order *f*⟩ 2. *Hdl* Auftrag *m*, Bestellung *f*, ⟨Order *f*⟩ 3. ⟨Orden *m*⟩, Ehrenzeichen *n* 4. (Ritter-, Mönchs-) ⟨Orden *m*⟩ 5.: **hasta nueva** ~ bis auf Widerruf, bis auf weiteres 6.: **por** ~ **de** im Auftrag von

ordinario *Adj* 1. alltäglich, üblich 2. ⟨ordinär⟩, unanständig 3. mittelmäßig

organismo *m* 1. *allg, Biol* ⟨Organismus *m*⟩ 2. *Pol* Organ *n*, Institution *f*; Gesellschaft *f*; Gremium *n*

órgano *m* 1. *Anat* ⟨Organ *n*⟩ ; Stimme *f* 2. *Mus* Orgel *f* 3. *Ztgsw* ⟨Organ *n*⟩

original *Adj* 1. ursprünglich, echt, ⟨Original-⟩, Ur- 2. ⟨originell⟩ [*in seiner Art*] 3.: **pecado** *m* ~ *Rel* Erbsünde *f*

ornato *m* 1. Schmuck *m*, Zierat *m*, Verzierung *f* 2. ⟨Ornat *m*⟩ 3. *übertr* Aufmachung *f*, Ausstattung *f*

oscilar *intr* 1. *Tech* ⟨oszillieren⟩ 2. *allg* schwingen; schwanken; sich bewegen (**entre** zwischen)

ostentativo *Adj* prahlerisch, auffallend, *selten* ostentiös
● *nicht* → ostentativ

P

paciencia *f* Geduld *f*, Ausdauer *f*
● *nicht* → Patience

pacto *m* Vertrag *m*, *leicht pej* ⟨Pakt *m*⟩

paleta *f* 1. Schürhaken *m* 2. Maurerkelle *f* 3. *Mal* ⟨Palette *f*⟩ 4. *Anat* Schulterblatt *n*

papa *f* 1. Kartoffel *f* 2. *übertr* Lüge *f*, Ente *f*
● *nicht* → Papa, Pappe

Papa *m* Papst *m*
● *nicht* → Papa

parada *f* 1. Haltestelle *f*, Station *f* 2. *Fechtk* ⟨Parade *f*⟩ 3. Aufenthalt *m*; Stehenbleiben *n*

paralela *f* 1. *Math* Parallellinie *f*, ⟨Parallele *f*⟩ 2.: ∼s *Pl Sport* Barren *m*
● *nicht* → Parallele (*übertr*)

parir I. *intr* gebären; *Zool* werfen II. *tr übertr* hervorbringen
● *nicht* → parieren

parlamentario *m* ⟨Parlamentär *m*⟩, Unterhändler *m*
● *nicht* → Parlamentarier

parola *f* Beredsamkeit *f*, Wortschwall *m*; *umg* Gequatsche *n*
● *nicht* → Parole

participar I. *intr* (**en**): ⟨partizipieren⟩, sich beteiligen (an), teilnehmen (an), Anteil haben (an), teilhaben (an) II. *tr* mitteilen, melden

pasaje *m* 1. Fahrkarte *f*; Fahrgeld *n*; Schiffs- ⟨Passage *f*⟩ 2. Wegezoll *m*, Brückengeld *n* 3. Überfahrt *f*; Durchfahrt *f*, ⟨Passage *f*⟩ 4. ⟨Passage *f*⟩, Durchgang *m* 5. *Buchw* ⟨Passage *f*⟩, Passus *m* 6. *Schiff, Flugzeug* Gesamtheit *f* der Passagiere, Fahrgäste *m/Pl*

pasante *m* Gehilfe *m*; Praktikant *m*; Anwaltschreiber *m*
● *nicht* → Passant

pase *m* Erlaubnisschein *m*; Freikarte *f*; Passierschein *m*
● *nicht* → Paß

paso *m* 1. Schritt *m*, Gang *m*, Gangart *f* 2. Zugang *m*; Durchgang *m*; Übergang *m*; *Gebirge* ⟨Paß *m*⟩ 3. *Vögel* Zug *m* 4. Meerenge *f*, Engpaß *m*
● *nicht* → Passus

pasta *f* 1. ⟨Paste *f*⟩ 2. Teig *m*

pastel *m* 1. *Fleisch, Obst* Pastete *f* 2. *Mal* ⟨Pastell *n*⟩

pastor *m* 1. Schäfer *m*, (Vieh-) Hirte *m* 2. *Rel* ⟨Pastor *m*⟩, Seelsorger *m*

patente *Adj* 1. deutlich, offenbar 2. klar 3.: **hacer** ∼ zum Ausdruck bringen
● *nicht* → patent

patentizar *tr* zum Ausdruck bringen, beweisen; ∼ **su solidaridad con** sich solidarisch erklären mit
● *nicht* → patentieren

patrona *f* 1. Beschützerin *f*, Schutzheilige *f* 2. Hauswirtin *f*
● *nicht* → Patrone

pausar I. *tr allg, Mus* ⟨pausieren⟩ II. *intr* Pausen machen (**en** bei)
● *nicht* → pausen

penable *Adj* strafbar
● *nicht* → penibel

pequinés *m* Pekinger *m*
● *nicht* → Pekinese

perrón *m* großer Hund *m*
● *nicht* → Perron

persiana *f* 1. Vorhang *m*, Jalousie *f*, Rolladen *m* 2. *eine Stoffart*
● *nicht* → Persianer
peste *f* 1. *Med* ⟨Pest *f*⟩ 2. schlechter *od* übler Geruch *m*, Gestank *m*
peto *m* Brustharnisch *m*, Vorhemd *n*
● *nicht* → petto
picado *Adj* 1. gestochen; gelocht; angespitzt; wurmstichig 2. *Fleisch* gehackt 3. *Mar* gekräuselt
● *nicht* → pikiert
piloto *m* 1. ⟨Pilot *m*⟩, Flugzeugführer *m* 2. Steuermann *m* 3. Lotse[nmeister] *m* 4. Kontrollampe *f*
placer *intr selten* gefallen
● *nicht* → plazieren
plan *m* 1. *Geogr* Höhe *f*, Niveau *n* 2. ⟨Plan *m*⟩, Entwurf *m* 3. Objekt *n*; Projekt *n* 4.: ∼ **arrocero** Reisanbaugebiet *n*
planear I. *tr* ⟨planen⟩, entwerfen, vorhaben II. *intr* im Gleitflug niedergehen
● *nicht* → planieren
plaqueta *f Biol* Blutplättchen *n*
● *nicht* → Plakette
pleito *m* 1. Prozeß *m*, Rechtsstreit *m*, gerichtliche Klage *f* 2. Zank *m*, Streit *m*
● *nicht* → Pleite
policía *f* 1. Polizistin *f* 2. Polizei *f*
● *nicht* → Police
pompa *f* Pracht *f*, Gepränge *n*, ⟨Pomp *m*⟩
● *nicht* → Pumpe
porte *m* 1. ⟨Porto *n*⟩, Frachtlohn *m* 2. Tragfähigkeit *f*
portier *m* Vorhang *m*, ⟨Portiere *f*⟩
● *nicht* → Portier
posa *f Rel* Totengeläut *n*
● *nicht* → Pose

posta f 1. *veralt* ⟨Post f⟩, Poststation f; Postpferde n/Pl 2. *Mil* ⟨Posten m⟩
poste m Pfosten m, Pfeiler m, Säule f; Mast m
● *nicht* → Post
potencia f 1. *Math, Med* ⟨Potenz f⟩ 2. *Pol* Macht f; **las grandes** ∼**s** die Großmächte 3. Kraft f, Vermögen n 4.: ∼**s** Pl Möglichkeiten f/Pl, ⟨Potenzen f/Pl⟩
práctica f 1. Praxis f, Anwendung f 2. Ausübung f, Handhabung f, praktische Übung f 3. Erfahrung f, Gewohnheit f 4. *meist*: ∼**s** f/Pl ⟨Praktikum n⟩
● *nicht* → Praktiken
practicar I. *intr Med* ⟨praktizieren⟩ II. *tr* ⟨praktizieren⟩, praktisch anwenden; *Kunst, Handwerk* ausführen, ausüben, praktisch betreiben
práctico m 1. Lotse(nmeister) m; Führer m 2. ⟨Praktiker m⟩; praktischer Arzt m
● *nicht* → Praktikum
precioso *Adj* 1. *selten* ⟨preziös⟩, kostbar, wertvoll; **piedra** f **preciosa** Edelstein m 2. herrlich, vortrefflich 3. witzig, geistreich 4. reizend, nett
premio m Belohnung f, Preis m, *veralt* ⟨Prämie f⟩
presa f 1. Fang m; Festnahme f 2. Wegnahme f; Beute f 3. *Mar* ⟨Prise f⟩; erbeutetes Schiff n 4. Staubecken n, -see m, Talsperre f
● *nicht* → Presse
presidio m 1. Gefängnis n, Zuchthaus n 2. (Festungs-) Besatzung f
● *nicht* → Präsidium
prima f 1. Versicherung f; *allg* Prämie f 2. Cousine f
● *nicht* → prima (*Adv*)
primate m 1. ⟨Primat m⟩; Magnat m 2.: **los** ∼**s de la Tierra** die Großen der Welt 3. *Zool*: ∼ (**s** *Pl*) ⟨Primat(en) m (*Pl*)⟩
● *nicht* → Primat n

primo *m* Vetter *m*, Cousin *m*
- *nicht* → Primus

principalmente *Adv* hauptsächlich
- *nicht* → prinzipiell

principio *m* 1. Anfang *m*, Ursprung *m* 2. ⟨Prinzip *n*⟩

prisa *f* Eile *f*
- *nicht* → Prise

profesor *m* 1. Lehrer *m ab 5. Klasse* 2. *fam* profe *Hochsch Anrede an Lehrkräfte aller Kategorien* 3. *Hochsch* Professor *m*

progresivo *Adj Math, Med* ⟨progressiv⟩, fortschreitend
- *nicht* → progressiv (*Pol*)

prominencia *f* 1. Hervorragen *n* 2. *Geogr* Erhebung *f*, Hügel *m* 3. *Med* Auswuchs *m*
- *nicht* → Prominenz

prominente *Adj Geogr* hervorragend, herausragend, hervorstechend
- *nicht* → prominent

promoción *f* 1. Beförderung *f* 2. *Hochsch* Jahrgang *m Kollektiv von Absolventen*
- *nicht* → Promotion

promover *tr* befördern, voranbringen
- *nicht* → promovieren (*intr*)

provisión *f* 1. Vorrat *m* 2. Verfügung *f*, Vorschrift *f*
- *nicht* → Provision

prueba *f* 1. ⟨Probe *f*⟩ 2. Nachweis *m*, Beweis *m* 3. Prüfung *f*

punteado *Adj Mal* ⟨punktiert⟩
- *nicht* → pointiert; punktiert (*Med*)

puntuación *f* 1. *Gramm* Zeichensetzung *f*, Interpunktion *f* 2. *Sport* Punktwertung *f* 3. *Schule* Punktzahl *f*
- *nicht* → Punktierung

Q

quitar *tr* weg-, fortnehmen; rauben, entreißen; entziehen; ~**se de** sich entledigen *einer Pflicht*
● *nicht* → quittieren

R

radiar *tr* 1. senden, funken, ausstrahlen 2. *Med* bestrahlen
● *nicht* → radieren
¹**radio** *m* 1. ⟨Radius *m*⟩, Halbmesser *m*; ~ **de acción** *übertr* Aktionsradius *m* 2. Speiche *f* 3. *übertr* Umkreis *m* 4. *Chem* ⟨Radium *n*⟩
²**radio** *f* 1. ⟨Radio *n*⟩ 2. Rundfunk *m*
rapto *m* 1. Raub *m*, Entführung *f* 2. *Med* ⟨Raptus *m*⟩, (Wut-)Anfall *m* 3. Verzückung *f*
raqueta *f* ⟨Rackett *n*⟩, Tennis-, Federballschläger *m*
● *nicht* → Rakete
rasante *Adj Mil* ⟨rasant⟩; **línea** *f* ~ Streichlinie *f*
● *nicht* → rasant (*umg*)
referendario *m* Gegenzeichner *m*
● *nicht* → Referendar
referente *Adj* bezüglich, mit Bezug auf
● *nicht* → Referent
referirse *refl* sich beziehen (a auf)
● *nicht* → referieren
regalo *m* 1. Geschenk *n*, Präsent *n* 2. *selten* Schmaus *m*; *veralt* Wohlleben *n*
● *nicht* → Regal
regreso *m* Rückkehr *f*
● *nicht* → Regreß

regular I. *Adj* regelmäßig, geordnet, ⟨regulär⟩ II. *Adv* ohne -mente [mittel]mäßig

relegar *tr* 1. verbannen, des Landes verweisen 2. *geh* ⟨relegieren⟩, von einer Universität *od* Schule verweisen

relevante *Adj* 1. bemerkenswert, vorzüglich, ausgezeichnet 2. ⟨relevant⟩, hervorstechend, herausragend, auffällig

repetitor *m* 1. Sitzenbleiber *m* 2. *Theat* ⟨Repetitor *m*⟩

requerir I . *tr* 1. untersuchen, nachprüfen 2. *etw.* benötigen, erfordern, brauchen II. *intr* 1. *Jur jmdn.* auffordern (**para que** zu + *Infinitiv*) 2. *jmdn.* ersuchen (**para que** zu + *Infinitiv*)
- *nicht* → requirieren

requisito *m* 1. Erfordernis *n*, Forderung *f* 2. Voraussetzung *f*; (Vor-) Bedingung *f* 3.: ∼s *m/Pl* Formalitäten *f/Pl*
- *nicht* → Requisit

resorte *m* 1. (Sprung-) Feder *f*; Spann-, Triebfeder *f* 2. *übertr* Feder-, Schnell-, Spannkraft *f*
- *nicht* → Ressort

respectar *nur üblich als* **por** *od* **en lo que respecta a** was ... betrifft
- *nicht* → respektieren

rumor *m* 1. Gerücht *n*, Gemunkel *n* 2. Stimmengewirr *n*; Brausen *n*, Rauschen *n*
- *nicht* → Rumor

S

saco *m* 1. ⟨Sack *m*⟩; ∼ **de dormir** Schlafsack *m* 2. ⟨Sakko *m* od. *n*⟩

salud *f* Gesundheit *f*
- *nicht* → Salut

sazón f 1. Zeitpunkt m 2. Reife f; günstiger Augenblick m 3. Würze f, Schmackhaftigkeit f
● *nicht* → Saison

sección f 1. ⟨Sektion f⟩, Abteilung f 2. *Geom* Schnitt m 3. *Mil* Truppe f 4. Abschnitt m

secreción f 1. ⟨Sekretion f⟩ *Vorgang* 2. Sekret n *Produkt*

secreto m 1. Geheimnis n; Heimlichkeit f, Verschwiegenheit f 2. Geheimfach n
● *nicht* → Sekret

seminarista m Seminarist m
● *nicht* → seminaristisch

señalizar tr Verkehrszeichen aufstellen auf *od* in, *etw*. ausschildern
● *nicht* → signalisieren

señor m 1. Herr m *auch Anrede* 2. *veralt* Besitzer m, Gebieter m
● *nicht* → senior

sensación f 1. Gefühl n 2. *selten* ⟨Sensation f⟩, Empfindung f, Eindruck m 3.: **causar** ∼ Aufsehen erregen, eine ⟨Sensation⟩ hervorrufen

sensible *Adj* 1. ⟨sensibel⟩, empfindsam; empfindlich, feinfühlig 2. *Physiol* ⟨sensibel⟩, erregbar, reizempfindlich 3. fühlbar, spürbar 4. bedauerlich, schmerzlich 5. *Foto* lichtempfindlich

sentencia f 1. ⟨Sentenz f⟩, Sinn-, Ausspruch m 2. *Jur* Richterspruch m, Urteil n, *selten* ⟨Sentenz f⟩; ∼ **de muerte** Todesurteil n; **dictar** *od* **pronunciar la** ∼ das Urteil fällen; **ejecutar la** ∼ das Urteil vollstrecken

servicio m 1. Dienst(zeit) m(f); **horas** f/Pl **de** ∼ Öffnungszeit f; Betriebszeit f 2. ⟨Service n⟩, Tafelgeschirr n 3. ⟨Service m⟩, Kundendienst m, Dienstleistung f; Kundendienststelle *l* 4. *Gaststätte* ⟨Service m⟩, Bedienung f 5.: ∼**s** m/Pf WC n

servir I. *tr* 1. *jmdm. etw.* ⟨servieren⟩, *jmdn.* bei Tisch bedienen; *etw.* auftragen; *Getränke* ein-, ausschenken 2.: ∼ **el pedido** *Hdl* das Gewünschte liefern II. *intr* dienen (**como, de** als)

sesión *f* 1. Session *f*, Sitzungsperiode *f*, Tagung *f* 2. *Span* Kinovorstellung *f*
● *nicht* → Saison

sincronizar *tr Tech Bild u. Ton*, *Bewegungsabläufe* aufeinander abstimmen, ⟨synchronisieren⟩
● *nicht* → synchronisieren (*Film*)

sólido *Adj* 1. ⟨solid[e]⟩, fest, haltbar 2. *Argument* ⟨solid[e]⟩, gediegen, zuverlässig 3. stark, kraftvoll

sortear *tr* 1. aus-, verlosen 2.: ∼ **obstáculos** Hindernisse überwinden
● *nicht* → sortieren

su[b]scripción *f* 1. *Buchw* ⟨Subskription *f*⟩, Vorbestellung *f*; *Ztgsw* Abonnement *n* 2. *Hdl* ⟨Subskription *f*⟩, Zeichnung *f* von Anleihen 3. Unterzeichnung *f* 4. Einschreibung *f* bei Organisationen 5. Abonnentenzahl *f*

su[b]stancia *f* 1. *Phil, Chem* ⟨Substanz *f*⟩, Stoff *m*; *Phil* Wesen *n*, Wesentliches *n* 2. *übertr* Mark *n*, Kraft *f*; **sopa** *f* **de** ∼ Kraftbrühe 3.: **hombre** *m* **sin** ∼ geistloser Mensch *m*

sujeto *m* 1. *Phil, Gramm, Jur* ⟨Subjekt *n*⟩ 2. Person *f*, Individuum *n*; *pej* ⟨Subjekt *n*⟩, Verdächtiger *m* 3. *Kunst* ⟨Sujet *n*⟩, Gegenstand *m*, Thema *n*

suma *f* 1. *Math* ⟨Summe *f*⟩, Addition *f*, Summierung *f* 2. *Hdl* ⟨Summe *f*⟩, Betrag *m* 3. Menge *f*

sumar *tr* 1. *Math* zusammenzählen, ⟨summieren⟩ 2. *allg* zusammenzählen, -fassen 3. betragen, ausmachen, sich belaufen auf; ∼**se** 1. sich anschließen (**a alg.** *od* **a algo** jmdm. *od* einer Sache) 2. ⟨sich summieren⟩, anwachsen; *bei Zahlen* betragen

surtir *tr Waren* liefern; *Geschäft* beliefern (**de** mit)
● *nicht* → sortieren

T

tabaco *m* 1. ⟨Tabak *m*⟩ *Pflanze, Produkt* 2. *Cu* Zigarre *f*
tableta *f Pharm* ⟨Tablette *f*⟩
● *nicht* → Tablett
talón *m* 1. Ferse *f* 2. *Hdl* ⟨Talon *m*⟩, Kupon *m*, (Kontroll-) Abschnitt *m*; (Gepäckaufgabe-) Schein *m*
talla *f* 1. Körpergröße *f*, Statur *f*, Wuchs *m* 2. Maß *n*; Maßband *n*; Meßlatte *f* 3. Bildhauer-, Schnitzarbeit *f*; Skulptur *f* 4. *Med* Blasensteinoperation *f*
● *nicht* → Taille
talle *m* 1. ⟨Taille *f*⟩ 2. Mieder *n* 3. *Schneiderei* Maßnehmen *n*, Abmessen *n*; Gürtelmaß *n* 4. Gestalt *f*, Figur *f*;   *übertr* Form *f*, Beschaffenheit *f*
tapete *m* 1. kleiner Teppich *m* 2. Tischtuch *n*; Tischdecke *f*, *veralt* ⟨Tapet *n*⟩ 3.: **poner sobre el** ∼ *übertr* aufs ⟨Tapet⟩ *od* zur Sprache bringen
● *nicht* → Tapete
tapizar 1. *Wände* ⟨tapezieren⟩ 2. *Möbel* beziehen, polstern
tema *m* 1. *allg, Mus* ⟨Thema *n*⟩ 2. *Schule* Übersetzungsaufgabe *f* 3. *Gramm* Stamm *m* 4. *früher auch f* Starrsinn *m*, Hartnäckigkeit *f* 5. *übertr* Steckenpferd *n*; *pej* Schrulle *f*, Spleen *m*
terminar I *tr* beenden II. *intr* enden
● *nicht* → terminieren
término *m* 1. Ende *n*, (Ab-) Schluß *m* 2. (Fach-) Ausdruck *m*, ⟨Terminus *m*⟩ 3. Grenze *f*, Markstein *m* 4. Ziel *n* 5. Frist *f*, ⟨Termin *m*⟩ 6.: **en primer** ∼ zuerst
terror *m* 1. Panik *f*, wilde Angst *f* 2. *selten* ⟨Terror *m*⟩
tesis *f* 1. ⟨These *f*⟩ 2. Meinung *f* 3.: ∼ **doctoral** Dissertation *f*; ∼ **de candidatura** *Cu* Dissertation A; ∼ **de doctorado** *DDR jetzt* Dissertation B, *BRD, früher auch DDR* Habilitation[sschrift] *f*

testar *tr* [testamentarisch] vermachen, letztwillig hinterlassen
● *nicht* → testen
texto *m* 1. ⟨Text *m*⟩ 2. Zitat *n*; Bibelspruch *m* 3.: **libro** *m* **de** ~ Lehr-, Schulbuch *n*
tiempo *m* 1. Zeit *f*; Zeitraum *m* 2. Wetter *n* 3. *Mus* ⟨Tempo *n*⟩, *meist* ~s *Pl* Tempi; Satz *m*; Takt *m* 4. *Gramm* ⟨Tempus *n*⟩ 5. *Auto* Takt *m* 6.: **a** ~ rechtzeitig; **de** ~ **en** ~ dann und wann, ab und zu 7.: **poner a mal** ~ **buena cara** gute Miene zum bösen Spiel machen
tinta *f* 1. ⟨Tinte *f*⟩ 2. flüssige Farbe *f* 3.: ~ **china** Tusche *f*; ~ **de imprenta** Druckerschwärze *f* 4. *übertr*, *fam*: **saber de buena** ~ aus guter Quelle wissen
tirada *f* 1. Wurf *m*, Werfen *n* 2. Zug *m*, Ziehen *n*; Schub *m* 3. Wegstrecke *f* 4. *Typ* Abzug *m*; *Buchw* Auflage *f* 5. *Lit* ⟨Tirade *f*⟩ Folge von Versen
título *m* 1. *Buch-, Film-, Adels-, Ehren-* ⟨Titel *m*⟩; Thema *n eines Vortrages* 2. *Hdl* Wertpapier *n* 3. *Jur* ⟨Titel *m*⟩; Rechtsanspruch *m*, Anrecht *n*, Urkunde *f* 4. *allg* Grund *m*, Veranlassung *f*; Vorwand *m*
tolerar *tr* 1. *allg jmdn.*, *etw.* ⟨tolerieren⟩, dulden, ertragen, aushalten; *jmdn.* gewähren lassen 2. *Tech* ⟨tolerieren⟩, *Abweichungen* zulassen
total *m* Gesamtbetrag *m*, -summe *f*
● *nicht* → Totale (*Foto*)
tránsito *m* 1. *Pol* ⟨Transit *m*⟩, Durchreise *f*, -fahrt *f* 2. Verkehr *m* 3. Übergang *m* 4.: **puerto** *m* **de** ~ Umschlaghafen *m*
transporte *m* 1. Beförderung *f*, ⟨Transport *m*⟩; Überführung *f*; **compañía** *f* **de** ~ Speditionsgesellschaft *f*; **medio** *m* **de** ~ Verkehrsmittel *n* 2. *Mus* Transposition *f* 3. *übertr* Verzückung *f*, Begeisterung *f*, leidenschaftliche Regung *f*

U

último *m* Letzter *m*
● *nicht* → Ultimo
único *Adj* einziger
● *nicht* → Unikum
unión *f* 1. ⟨Union *f*⟩, Vereinigung *f*, Verbindung *f* 2. Bündnis *n*; Verein *m*; Bund *m* 3. Einigkeit *f*, Eintracht *f* 4. *Med* Zusammenfügen *n*; *Chir* Vernarbung *f* 5. Heirat *f*, eheliche Verbindung *f*
uso *m* 1. Gebrauch *m*, Anwendung *f*, Benutzung *f* 2. ⟨Usus *m*⟩, Brauch *m*, Gewohnheit *f*, Sitte *f*

V

variedad *f* 1. *selten* ⟨Varietät *f*⟩, Verschiedenheit *f*, Verschiedenartigkeit *f* 2. Wandelbarkeit *f*, Unbeständigkeit *f* 3. *Bot*, *Zool* ⟨Varietät *f*⟩, Abart *f*
● *nicht* → Varieté
vaso *m* 1. Glas *n*; Becher *m* 2. *Anat* (Blut-) Gefäß *n*
● *nicht* → Vase
vehículo *m* 1. Fahrzeug *n*, Fuhrwerk *n*; *selten* ⟨Vehikel *n*⟩ 2. *übertr* Mittel *n*
veterano *m* ⟨Veteran *m*⟩ *auch soz Ges*; *umg* alter Hase *m*, erfahrener Fachmann *m*
vigilante *Adj* wachsam
● *nicht* → vigilant
villa *f* 1. Städtchen *n*, Kleinstadt *f*; Siedlung *f* 2. ⟨Villa *f*⟩
visión *f* 1. Sehen *n*, Sehvermögen *n* 2. ⟨Vision *f*⟩, Traumbild *n*, Erscheinung *f* 3.: ∼ **del mundo** Weltanschauung *f*
visir *m* Wesir *m*
● *nicht* → Visier

visita *f* 1. Besuch *m*; Besichtigung *f* 2. *Med* ⟨Visite *f*⟩
visitación *f Rel* Mariä Heimsuchung *f*
● *nicht* → Visitation
viso *m* 1. Aussichtspunkt *m* 2. Außenseite *f* 3. Glanz *m*, Schimmern *n*, Schillern *n* 4. *übertr* Anschein *m*, Anstrich *m* 5. Vorwand *m*; Gesichtspunkt *m*
● *nicht* → Visum
vocal *f* 1. *Gramm* ⟨Vokal *m*⟩ 2. Beisitzerin *f*, stimmfähiges *od* stimmberechtigtes Mitglied *n*
volumen *m* 1. ⟨Volumen *n*⟩, Rauminhalt *m*, Fassungsvermögen *n* 2. *Buchw* Band *m*

Wörter mit morphologischen Abweichungen

abadesa *f*	Äbtissin *f*
abadía *f*	Abtei *f*
abonado *m*	Abonnent *m*
abono *m*	Abonnement *n*
accionista *m*	Aktionär *m*
aceptación *f*	Akzept *n*
aclimatación *f*	Akklimatisierung *f*
aclimatar *tr*	akklimatisieren
acrobacia *f*	Akrobatik *f*
acuaricultura *f*	Aquaristik *f*
adaptación *f*	Adaption *f*
adjetival *Adj*	adjektivisch
advenimiento *m*	Advent *m*
agencia *f*	Agentur *f*
agrupar *tr*	gruppieren
aislamiento *m*	Isolierung *f*, Isolation *f*
aislar *tr*	isolieren
alcalino *Adj*	alkalisch
alcoba *f*	Alkoven *m*
almirantazgo *m*	Admiralität *f*
almirante *m*	Admiral *m*
alpinismo *m*	Alpinistik *f*
amperio *m*	Ampere *n*
amueblar *tr*	möblieren
anacrónico *Adj*	anachronistisch
analgésico *m*	Analgetikum *n*
analista *m*, analizador *m*	Analytiker *m*
anamnesia *f*	Anamnese *f*
anatomista *m*	Anatom *m*
anex[ion]ar *tr*	annektieren

145 Wörter mit morphologischen Abweichungen

anfibio *Adj*	amphibisch
anomalía *f*	Abnormität *f*
anonimato *m*	Anonymität *f*
anormalidad *f*	Abnormität *f*
antagónico *Adj*	antagonistisch
antigramatical *Adj*	agrammatisch
antihumano *Adj*	inhuman
antisocial *Adj*	asozial
apasionado *Adj*	passioniert
apologista *m*	Apologet *m*
a propósito *Adv*	apropos
arcediano *m*	Archidiakon *m*
archivero *m*, archivista *m*	Archivar *m*
archidiócesis *f*	Erzdiözese *f*
armonioso *Adj*	harmonisch
armonizar *tr*	harmonieren
arpista *m*	Harfenist *m*
arquidiócesis *f*	Erzdiözese *f*
arsénico *m*	Arsen *n*
arterial *Adj*	arteriös
artesiano *Adj*	artesisch
artillero *m*	Artillerist *m*
ascética *f*	Askese *f*
asincrónico *Adj*	asynchron
atávico *Adj*	atavistisch
ateo *m*, *Adj*	Atheist *m*, atheistisch
aterrorizar *tr*	terrorisieren
atestado *m*	Attest *n*
atletismo *m*	Athletik *f*
atómico *Adj*	atomar
atracción *f*	Attraktivität *f*
autárquico *Adj*	autark
autógrafo *m*	Autogramm *n*, Autograph *n*
autoritario *Adj*	autoritär

Wörter mit morphologischen Abweichungen 146

azáfran *m* — Safran *m*
azteca *Adj* — aztekisch
bacteriano *Adj* — bakteriell
bahía *f* — Bai *f*
bailarina *f* — Balletteuse *f*
baja *f* — Baisse *f*
báquico *Adj* — bacchantisch
barbarie *f* — Barbarei *f*
bárbaro *Adj* — babarisch
binomio *m* — Binom *n*
biscocho *m* — Biskuit *m*
bisonte *m* — Bison *m*
blasfemo *Adj* — blasphemisch
bloqueo *m* — Blockade *f*
bolchevique *m*, *Adj* bolchevista *m*, *Adj* — Bolschewist *m*, bolschewistisch
bombardear *tr* — bombardieren
bombardeo *m* — Bombardement *n*, Bombardierung *f*
breviario *m* — Brievie *n*
brillantez *f* — Brillanz *f*
bromuro *m* — Bromid *n*
budista *Adj* — buddistisch
calzada *f* — Chaussee *f*
camomila *f* — Kamille *f*
cañonazos *m/Pl*, cañoneo *m* — Kanonade *f*
capítulo *m* — Kapitel *n*
carabinero *m* — Karabiniere *m*
carambola *f* — Karambolage *f*
carbúnculo *m* — Karfunkel *m*
cariado *Adj* — kariös
caricatur[iz]ar *tr* — karikieren
castillo *m* — Kastell *n*

147 Wörter mit morphologischen Abweichungen

catastrófico *Adj*	katastrophal
centrífugo *Adj*	zentrifugal
centrípeto *Adj*	zentripetal
cianita *f*	Zyanid *n*
ciática *f*	Ischias *f*
ciclópeo *Adj*	zyklopisch
cirujano *m*	Chirurg *m*
cita *f*, citación *f*	Zitat *n*
clasicismo *m*	Klassik *f*
clérigo *m*	Kleriker *m*
cloruro *m*	Chlorid *n*
coligarse *refl*	koalieren
comandante *m*	Kommandeur *m*
combinada *f*	Kombine *f*
comparsas *m/Pl*	Komparserie *f*
compositor *m*	Komponist *m*
computadora *f*	Computer *m*
concreción *f*	Konkretisierung *f*
concretar *tr*	konkretisieren
consulta *f*	Konsultation *f*
consumidor *m*	Konsument *m*
contenedor *m*	Container *m*
contrincante *m*	Kontrahent *m*
convalesciente *m*	Rekonvaleszent *m*
corrección *f*	Korrektur *f*
correo *m*	Kurier *m*
criticar *tr*	kritisieren
defectuoso *Adj*	defekt
defraudador *m*	Defraudant *m*
deleitarse *refl*	delektieren
demoníaco *Adj*	dämonisch
deporte *m*	Sport *m*
depósito *m*	Depot *n*
desacreditar *tr*	diskreditieren

descalificar *tr*	disqualifizieren
descuento *m*	Diskont *m*
desenmascarar *tr*	demaskieren
desleal *Adj*	illoyal
deslealtad *f*	Illoyalität *f*
desmentida *f*	Dementi *n*
desmoralizar *tr*	demoralisieren
desmovilizar *tr*	demobilisieren
despacho *m*	Depesche *f*
despotismo *m*	Despotie *f*
desproporción *f*	Disproportion *f*
destacamento *m*	Detachement *n*
dictatorial *Adj*	diktatorisch
diezmar *tr*	dezimieren
diletante *Adj*	dilettantisch
dimitir *intr*	demissionieren
discutible *Adj*	diskutabel
diseño *m*	Dessin *n*
disponedor *m*	Disponent *m*
domador *m*	Dompteur *m*
dosificar *tr*	dosieren
draconiano *Adj*	drakonisch
dudoso *Adj*	dubios
dúo *m*	Duett *n*
eficacia *f*, eficiencia *f*	Effektivität *f*
egoísta *m*, *Adj*	Egoist *m*, egoistisch
electricista *m*	Elektriker *m*
elegíaco *Adj*	elegisch
eminente *Adj*	prominent
empirismo *m*	Empirie *f*
ensalada *f*	Salat *m*
ensayo *m*	Essay *m*
entallado *Adj*	tailliert
entrenador *m*	Trainer *m*

149 Wörter mit morphologischen Abweichungen

entrenamiento *m*	Training *n*
entrenarse *refl*	trainieren
episodio *m*	Episode *f*
ermitaño *m*	Eremit *m*
erotismo *m*	Erotik *f*
erotómano *m*	Erotiker *m*
escalada *f*	Eskalation *f*
escarabajo *m*	Skarabäus *m*
escenificación *f*	Inszenierung *f*
escepticismo *m*	Skepsis *f*
especulador *m*	Spekulant *m*
espía *m, f*	Spion(in) *m(f)*
espontáneo *Adj*	spontan
esquimal *m*	Eskimo *m*
establecer *tr*	etablieren
estadio *m*	Stadion *n*
estadista *m*	Statistiker *m*
estadística *f*	Statistik *f*
estado *m*	Stadium *n*; Staat *m*
estuche *m*	Etui *n*
estudiante *m*	Student *m*
etimologista *m*	Etymologe *m*
excluir *tr*	exkludieren
exotismo *m*	Exotik *f*
experiencia *f*	Experiment *n*
exportación *f*	Export *m*
fábula *f*	Fabel *f*
fascista *Adj*	faschistisch
feudal *Adj*	feudalistisch
ficticio *Adj*	fiktiv
filatélico *Adj*	philatelistisch
filisteo *m*	Philister *m*
financiero *Adj*	finanziell
fiscal *Adj*	fiskalisch

Wörter mit morphologischen Abweichungen 150

físico *Adj*	physikalisch
florecer *intr*	florieren
folclórico *Adj*	folkloristisch
folletín *m*	Feuilleton *n*
fotogénico *Adj*	fotogen
fracaso *m*	Fiasko *n*
género *m*	Genus *n*
geómetra *m*	Geometer *m*
gigante[sco] *Adj*	gigantisch
gimnasia *f*	Gymnastik *f*
gobernador *m*	Gouverneur *m*
gramatical *Adj*	grammatisch, grammatikalisch
grecismo *m*	Gräzistik *f*
guardarropa *m, f*	Garderobier(e) *m(f)*
hectárea *f*	Hektar *m*
hercúleo *Adj*	herkulisch
hereje *m*	Häretiker *m*
hidrogenar *tr*	hydrieren
higienista *m*	Hygieniker *m*
hipocondríaco *Adj*	hypochondrisch
histerismo *m*	Hysterie *f*
historiador *m*	Historiker *m*
homogéneo *Adj*	homogen
hospicio *m*	Hospiz *n*
humani[tari]smo *m*	Humanität *f*
huracán *m*	Orkan *m*
idiota *m, f, Adj*	Idiot(in) *m(f)*, idiotisch
idiotez *f*	Idiotie *f*
igualado *Adj*	egalisiert
impar *Adj*	unpaar
imponderables *m/Pl*	Imponderabilien *Pl*
imponente *Adj*	imposant
importación *f*	Import *m*

151 Wörter mit morphologischen Abweichungen

importador *m*	Importeur *m*
indio *Adj*	1. indisch 2. indianisch
infección *f*	Infekt *m*
infectar *tr*	infizieren
informativo *Adj*	informatorisch
inmunizado *Adj*	immun
inorgánico *Adj*	anorganisch
interesado *m*	Interessent *m*
intermedio *m*	Intermezzo *n*
interpretativo *Adj*	interpretatorisch
intervencionista *m*	Intervent *m*
inventariar *tr*	inventarisieren
inventario *m*	Inventur *f*; Inventar *n*
inversión *f*	Investition *f*
jeroglífico *m*	Hieroglyphe *f*
jurado *m*	Jury *f*
lámpara *f*	Lampe *f*
leal *Adj*	loyal
lealtad *f*	Loyalität *f*
lesionar *tr*	lädieren
letargo *m*	Lethargie *f*
lexical *Adj*, léxico *Adj*	lexikalisch
liliputiense *m*	Liliputaner *m*
liquidez *f*	Liquidität *f*
mago *m*	Magier *m*
majestuoso *Adj*	majestätisch
manganeso *m*	Mangan *n*
maníaco *Adj*	manisch
maniobrar *tr*, *intr*	manövrieren
manipulador *m*	Manipulant *m*
marquesina *f*	Markise *f*
mártir *m, f*	Märtyrer(in) *m(f)*
máscara *f*	Maske *f*
matrícula *f*	Immatrikulation *f*

Wörter mit morphologischen Abweichungen 152

matricular *tr*	immatrikulieren
mayorazgo *m*	Majorat *n*
medicinal *Adj*	medizinisch
médico *m*	Mediziner *m*
mejoramiento *m*	Melioration *f*
memorizar *tr*	memorieren
metáfora *f*	Metapher *f*
metodología *f*	Methodik *f*
microbiano *Adj*	mikrobiell
miliciano *m*	Milizionär *m*
mineralogista *m*	Mineraloge *m*
minimizar *tr*	minimieren
mínimo *Adj*	minimal
miscelánea *f*	Miszellen *f/Pl*
misionero *m*	Missionar *m*
molécula *f*	Molekül *n*
momentáneo *Adj*	momentan
monárquico *m, Adj*	Monarchist *m*, monarchistisch
monocultivo *m*	Monokultur *f*
monomaníaco *m*	Monomane *m*
morfina *f*	Morphium *n*
morfinómano *m*	Morphinist *m*
moro *m, Adj*	Maure *m*, maurisch
músico *m*	Musikant *m*
naturaleza *f*	Natur *f*
nazi *m, Adj*	nazistisch
no oficial *Adj*	inoffiziell
notaría *f*	Notariat *n*
oficial *m*	Offizier *m*
ofrecer *tr*	offerieren
oligarca *m*	Oligarch *m*
oposicionista *m*	Oppositioneller *m*
optimizar *tr*	optimieren

153 Wörter mit morphologischen Abweichungen

ortopédico *m*	Orthopäde *m*
parábola *f*	Parabel *f*
paradójico *Adj*	paradox
paralelismo *m*	Parallelität *f*
paritario *Adj*	paritätisch
paródico *Adj*	parodistisch
párrafo *m*	Paragraph *m*
participio *m*	Partizip *n*
partícula *f*	Partikel *f*
patetismo *m*	Pathos *n*
patriarca *m*	Patriarch *m*
pedagogía *f*	Pädagogik *f*
perfil *m*	Profil *n*
pergamino *m*	Pergament *n*
perpendicular *m*	Perpendikel *n*
pinzas *f/Pl*	Pinzette *f*
plagiario *m*	Plagiator *m*
plagio *m*	Plagiat *n*
plantación *f*	Plantage *f*
polemista *m*	Polemiker *m*
postura *f*	Positur *f*
presbiteriano *m*	Presbyter *m*
presidencial *Adj*	Präsidial-
príncipe *m*	Prinz *m*
procedimiento *m*	Prozedur *f*
productor *m*	Produzent *m*
pronosticar *tr*	prognostizieren
pronóstico *m*	Prognose *f*
prostituta *f*	Prostituierte *f*
provocador *Adj*	provokatorisch, provokant, provokativ
proyectista *m*	Projektant *m*
pulimento *m*	Politur *f*
puntuación *f*	Interpunktion *f*

Wörter mit morphologischen Abweichungen

química *f*	Chemie *f*
raquitismo *m*	Rachitis *f*
rareza *f*	Rarität *f*
rebelarse *refl*	rebellieren
reclutamiento *m*	Rekrutierung *f*
redactar *tr*	redigieren
refinar *tr*	raffinieren
reforma *f*	Reformation *f*
regulador *Adj*	regulativ
reparación *f*	Reparatur *f*
resumen *m*	Resümee *n*
revisar *tr*	revidieren
riesgo *m*	Risiko *n*
romanticismo *m*	Romantik *f*
rústico *Adj*	rustikal
sádico *m*, *Adj*	Sadist *m*, sadistisch
samaritano *m*	Samariter *m*
sanguíneo *Adj*	sanguinisch
sanitario *m*	Sanitäter *m*
secretaría *f*	Sekretariat *n*
sectario *m*, *Adj*	Sektierer *m*, sektiererisch
señalar *tr*	signalisieren
seriedad *f*	Seriosität *f*
serio *Adj*	seriös
servilismo *m*	Servilität *f*
sílaba *f*	Silbe *f*
simulador *m*	Simulant *m*
simultáneo *Adj*	simultan
sincronía *f*	Synchronität *f*
sincrónico *Adj*	synchron
soberanía *f*	Souveränität *f*
solidario *Adj*	solidarisch
soprano *f*	Sopranistin *f*

155 Wörter mit orthographischen Besonderheiten

surtido *m*	Sortiment *n*
surtir *tr*	assortieren
teórico *m*, *Adj*	Theoretiker *m*, theoretisch
torneo *m*	Turnier *n*
tragedia *f*	Tragik *f*
tra[n]splante *m*, tra[n]splantación *f*	Transplantation *f*
traumatismo *m*	Trauma *n*
tropical *Adj*	tropisch
vacío *m*	Vakuum *n*
vanguardia *f*	Avantgarde *f*
vegetariano *Adj*	vegetarisch
venéreo *Adj*	venerisch
vicaría *f*	Vikariat *n*
visado *m*	Visum *n*

Wörter mit orthographischen Besonderheiten

abogado *m*	Advokat *m*
ágata *f*	Achat *m*
agudo *Adj*	akut
ajustar *tr*	adjustieren
alabarda *f*	Hellebarde *f*
albergue *m*	Herberge *f*
alucinación *f*	Halluzination *f*
amnistía *f*	Amnestie *f*
ampolla *f*	Ampulle *f*
ancla *f*, *m*, áncora *f*	Anker *m*
anchoa *f*, anchova *f*	Anchovis *f*
apéndice *m*	Appendix *m*

Wörter mit orthographischen Besonderheiten

arlequín *m*	Harlekin *m*
armadura *f*	Armatur *f*
armonía *f*	Harmonie *f*
armonizar *intr*	harmonieren
asma *f*	Asthma *n*
avería *f*	Havarie *f*
ayudante *m*	Adjutant *m*
babor *m*	Backbord *n*
bacará *f*	Bakkarat *n*
bambú *m*	Bambus *m*
bancarrota *f*	Bankrott *m*
barrera *f*	Barriere *f*
billar *m*	Billard[spiel] *n*
birrete *m*	Barett *n*
bismuto *m*	Wismut *n*
bisutería *f*	Bijouterie *f*
boicot[eo] *m*	Boykott *m*
buqué *m*	Bukett *n*
burdel *m*	Bordell *n*
caballero *m*	Kavalier *m*
cabriola *f*	Kapriole *f*
cabriolé *m*	Kabriolett *n*
cacerola *f*	Kasserolle *f*
calidoscopio *m*	Kaleidoskop *n*
califa *m*	Kalif *m*
camaleón *m*	Chamäleon *n*
cámara *f*	Kamera *f*
canalla *f*	Kanaille *f*
canónigo *m*	Kanoniker *m*
capellán *m*	Kaplan *m*
capucha *f*	Kapuze *f*
carabela *f*	Karavelle *f*
carnaval *m*	Karneval *m*
carrera *f*	Karriere *f*

157 Wörter mit orthographischen Besonderheiten

casamata *f*	Kasematte *f*
castaña *f*	Kastanie *f*
catacumba *f*	Katakombe *f*
catarata *f*	Katarakt *m*
cifra *f*	Chiffre *f*, Ziffer *f*
clérigo *m*	Kleriker *m*
cociente *m*	Quotient *m*
colonizador *m*	Kolonisator *m*
cometa *m*	Komet *m*
complejo *Adj*	komplex
confort *m*	Komfort *m*
coñac *m*	Kognak *m*
coolí *m*	Kuli *m*
coordenada *f*	Koordinate *f*
corajudo *Adj*	couragiert
corredor *m*	Korridor *m*
corromper *tr*	korrumpieren
cotón *m*	Kattun *m*
criatura *f*	Kreatur *f*
crucifijo *m*	Kruzifix *n*
cupón *m*	Kupon *m*, Coupon *m*
champú *m*	Shampoo[n] *n*
chovinista *m*, *Adj*	Chauvinist *m*, chauvinistisch
chungla *f*	Dschungel *m*
delito *m*	Delikt *n*
desertor *m*	Deserteur *m*
desfilar *intr*	defilieren
desfile *m*	Defilee *n*
detective *m*	Detektiv *m*
dictadura *f*	Diktatur *f*
doble *m*	Double *n*
elemental *Adj*	elementar
embrión *m*	Embryo *m*

Wörter mit orthographischen Besonderheiten

encuesta *f*	Enquête *f*
entonación *f*	Intonation *f*
entonar *tr*	intonieren
escolta *f*	Eskorte *f*
escuadrón *m*	Schwadron *f*
esmalte *m*	Emaille *f*
explanada *f*	Esplanade *f*
fachada *f*	Fassade *f*
faisán *m*	Fasan *m*
faraón *m*	Pharao *m*
fascismo *m*	Faschismus *m*
feodalismo *m*	Feudalismus *n*
filete *m*	Filet *n*
final *m*	Finale *n*
flema *f*	Phlegma *n*
fragata *f*	Fregatte *f*
franela *f*	Flanell *m*
franja *f*	Franse *f*
gabinete *m*	Kabinett *n*
garrafa *f*	Karaffe *f*
geiser *m*	Geysir *m*
genciana *f*	Enzian *m*
grupa *f*	Kruppe *f*
guirnalda *f*	Girlande *f*
guitarra *f*	Gitarre *f*
harén *m*	Harem *m*
herejía *f*	Häresie *f*
hosanna *m*	Hosianna *n*
hugonotes *m/Pl*	Hugenotten *m/Pl*
infierno *m*	Inferno *n*
infraganti *Adv*	in flagranti
izar *tr*	hissen
jacinto *m*	Hyazinth *m*; Hyazinthe *f*
jefe *m*	Chef *m*

159 Wörter mit orthographischen Besonderheiten

jeroglífico *Adj*	hieroglyphisch
jerarquía *f*	Hierarchie *f*
Jesucristo	Jesus Christus
jungla *f*	Dschungel *m*
laberinto *m*	Labyrinth *n*
lazo *m*	Lasso *n*
letanía *f*	Litanei *f*
letrina *f*	Latrine *f*
leyenda *f*	Legende *f*
librea *f*	Livree *f*
límite *m*	Limit *n*
linterna *f*	Laterne *f*
lirio *m*	Lilie *f*
llama *f*	Lama *n*
macarrones *m/Pl*	Makkaroni *Pl*
manifiesto *m*	Manifest *n*
maniquí *f*	Mannequin *n*
mariscal *m*	Marschall *m*
mármol *m*	Marmor[stein] *m*
mascarada *f*	Maskerade *f*
mazapán *m*	Marzipan *n*
mejorana *f*	Majoran *m*
mermelada *f*	Marmelade *f*
metáfora *f*	Methapher *f*
milicia *f*	Miliz *f*
monarca *m*	Monarch *m*
monzón *m*	Monsun *m*
moro *m*	Maure *m*
movilizar *tr*	mobilisieren
muelle *m*	Mole *f*
navegación *f*	Navigation *f*
neceser *m*	Necessaire *n*
octubre *m*	Oktober *m*
olmo *m*	Ulme *f*

Wörter mit orthographischen Besonderheiten

ordenada *f*	Ordinate *f*
ordenanza *f*	Ordonnanz *f*
orquídea *f*	Orchidee *f*
overol *m*	Overall *m*
pabellón *m*	Pavillon *m*
paciente *m*	Patient *m*
parábola *f*	Parabel *f*
paraíso *m*	Paradies *n*
pasajero *m*	Passagier *m*
patrulla *f*	Patrouille *f*
peluca *f*	Perücke *f*
pene *m*	Penis *m*
perdón *m*	Pardon *n*
perfumar *tr*	parfümieren
perfume *m*	Parfüm *n*
perfumería *f*	Parfümerie *f*
pincel *m*	Pinsel *m*
pintoresco *Adj*	pittoresk
prestigio *m*	Prestige *n*
psiquiatra *m*	Psychiater *m*
punto *m*	Punkt *m*
quérube *m*	Cherub *m*
quilate *m*	Karat *n*
raquitis *f*	Rachitis *f*
recluta *m*	Rekrut *m*
refinado *Adj*	raffiniert
refinería *f*	Raffinerie *f*
regimiento *m*	Regiment *n*
reglamento *m*	Reglement *n*
respeto *m*	Respekt *m*
ritmo *m*	Rhythmus *m*
robot *m*	Roboter *m*
ron *m*	Rum *m*
sandalia *f*	Sandale *f*

Wörter mit Abweichungen im Genus

sargento *m*	Sergeant *m*
semestre *m*	Semester *n*
señal *f*	Signal *n*
señalizar *tr*	signalisieren
serenata *f*	Serenade *f*
sionismo *m*	Zionismus *m*
sionista *Adj*	zionistisch
siquiatra *m*	Psychiater *m*
soldadesca *f*	Soldateska *f*
sopa *f*	Suppe *f*
sosa *f*	Soda *n*
tabla *f*	Tabelle *f*
tanque *m*	Tank *m*
terraza *f*	Terrasse *f*
trinchar *tr*	tranchieren
tropa *f*	Truppe *f*
vagón *m*	Waggon *m*
vainilla *f*	Vanille *f*
valeriana *f*	Baldrian *m*
vendaje *m*	Bandage *f*
vivac *m*	Biwak *n*
volcán *m*	Vulkan *m*

Wörter mit Abweichungen im Genus

acetona *f*	Azeton *n*
acuarela *f*	Aquarell *n*
alarma *f*	Alarm *m*
alveolo *m*, alvéolo *m*	Alveole *f*
amatista *f*	Amethyst *m*
análisis *m*	Analyse *f*
anfibio *m*	Amphibie *f*

Wörter mit Abweichungen im Genus

ánodo *m*	Anode *f*
anuncio *m*	Annonce *f*
arpón *m*	Harpune *f*
asma *f*	Asthma *n*
ataque *m*	Attacke *f*
bacará *f*	Bakkarat *n*
bancarrota *f*	Bankrott *m*
bar *m*	Bar *f*
barbo *m*	Barbe *f*
barra *f*	Barren *m*
bayoneta *f*	Bajonett *n*
briqueta *f*	Brikett *n*
bronce *m*	Bronze *f*
bronquios *m/Pl*	Bronchien *f/Pl*
browning *f*	Browning *m*
busto *m*	Büste *f*
cacatúa *f*	Kakadu *m*
canalla *m*	Kanaille *f*
canoa *f*	Kanu *n*
capa *f*	Cape *n*
carabina *f*	Karabiner *m*
catapulta *f*	Katapult *m, n*
cateto *m*	Kathete *f*
cebra *f*	Zebra *n*
cigarro *m*	Zigarre *f*
ciprés *m*	Zypresse *f*
clorofila *f*	Chlorophyll *n*
coche *m*	Kutsche *f*
cólera *m*	Cholera *f*
cólico *m*	Kolik *f*
colofonia *f*	Kolophonium *n*
coma *f*	Komma *n*
componente *m*	Komponente *f*
consonante *f*	Konsonant *m*

Wörter mit Abweichungen im Genus

coraje *m*	Courage *f*
coral *m*	Koralle *f*
cordel *m*	Kordel *f*
chocolate *m*	Schokolade *f*
dátil *m*	Dattel *f*
debacle *f*	Debakel *n*
debate *m*	Debatte *f*
diadema *f*	Diadem *n*
diapositiva *f*	Dia[positiv] *n*
dínamo *f*	Dynamo *m*
dispensa *f*	Dispens *m*
disputa *f*	Disput *m*
dividendo *m*	Dividende *f*
doblete *m*	Dublette *f*
dominio *m*	Domäne *f*
eczema *f*	Ekzem *n*
ejecutivo *m*	Exekutive *f*
electrodo *m*	Elektrode *f*
enclave *m*	Enklave *f*
énfasis *m*	Emphase *f*
estudio *m*	Studie *f*
etiqueta *f*	Etikett *n*
éxtasis *m*	Ekstase *f*
fiebre *f*	Fieber *n*
fiesta *f*	Fest *n*
flanco *m*	Flanke *f*
flema *f*	Phlegma *n*
fresco *m*	Freske *f*, Fresko *n*
galón *m*	Gallone *f*
garaje *m*	Garage *f*
geranio *m*	Geranie *f*
gesto *m*	Geste *f*
gladiolo *m*	Gladiole *f*
grupo *m*	Gruppe *f*

Wörter mit Abweichungen im Genus

hemisferio *m*	Hemisphäre *f*
himno *m*	Hymne *f*
hormona *f*	Hormon *n*
laca *f*	Lack *m*
léxico *m*	Lexik *f*
limón *m*	Limone *f*
llama *f*	Lama *n*
machete *m*	Machete *f, m*
masaje *m*	Massage *f*
melón *m*	Melone *f*
minuto *m*	Minute *f*
mirto *m*	Myrte *f*
molusco *m*	Molluske *f*
mosquete *m*	Muskete *f*
motete *m*	Motette *f*
narciso *m*	Narzisse *f*
neumático *m*	Pneumatik *f*
número *m*	Nummer *f*
oasis *m*	Oase *f*
oboe *m*	Oboe *f*
olmo *m*	Ulme *f*
órbita *f*	Orbit *m*
orina *f*	Urin *m*
orquesta *f*	Orchester *n*
pánico *m*	Panik *f*
pantufla *f*	Pantoffel *m*
patente *f*	Patent *n*
período *m*	Periode *f*
plátano *m*	Platane *f*
porcelana *f*	Porzellan *n*
preámbulo *m*	Präambel *f*
protesta *f*	Protest *m*
quiste *m*	Zyste *f*
receta *f*	Rezept *n*

romance *m*	Romanze *f*
ruina *f*	Ruin *m*
sabotaje *m*	Sabotage *f*
sacarina *f*	Sacharin *n*
segundo *m*	Sekunde *f*
señal *f*	Signal *n*
tarifa *f*	Tarif *m*
teína *f*	Tein *n*
uniforme *m*	Uniform *f*
violín *m*	Violine *f*
vocal *f*	Vokal *m*

Wörter mit Abweichungen in der Betonung

academia *f*	Akademie *f*
análisis *m*	Analyse *f*
anécdota *f*	Anekdote *f*
anemia *f*	Anämie *f*
anestesia *f*	Anästhesie *f*
ánfora *f*	Amphore *f*
ánodo *m*	Anode *f*
anónimo *Adj*	anonym
antígenos *m/Pl*	Antigene *n/Pl*
antonimia *f*	Antonymie *f*
atmósfera *f*	Atmosphäre *f*
átomo *m*	Atom *n*
atrofia *f*	Atrophie *f*
autopsia *f*	Autopsie *f*
bárbaro *m*	Barbar *m*
barítono *m*	Bariton *m*
bigamia *f*	Bigamie *f*
blasfemia *f*	Blasphemie *f*

Wörter mit Abweichungen in der Betonung

cábala *f*	Kabale *f*
cacatúa *f*	Kakadu *m*
cadí *m*	Kadi *m*
canguro *m*	Känguruh *n*
caníbal *m*	Kannibale *m*
cánula *f*	Kanüle *f*
carnaval *m*	Karneval *m*
catástrofe *f*	Katastrophe *f*
católico *m*	Katholik *m*
cebú *m*	Zebu, *m, n*
centrífuga *f*	Zentrifuge *f*
colonia *f*	Kolonie *f*
cómoda *f*	Kommode *f*
compás *m*	Kompaß *m*
coñac *m*	Kognak *m*
coníferas *f/Pl*	Koniferen *f/Pl*
coolí *m*	Kuli *m*
copia *f*	Kopie *f*
crédito *m*	Kredit *m*
década *f*	Dekade *f*
demagogia *f*	Demagogie *f*
déspota *m*	Despot *m*
diácono *m*	Diakon *m*
diócesis *f*	Diözese *f*
dominó *m*	Domino *n, m*
élite *f*	Elite *f*
embolia *f*	Embolie *f*
enciclopedia *f*	Enzyklopädie *f*
énfasis *m*	Emphase *f*
epidemia *f*	Epidemie *f*
epígrafe *m*	Epigraph *m*
epilepsia *f*	Epilepsie *f*
época *f*	Epoche *f*
escándalo *m*	Skandal *m*

167 Wörter mit Abweichungen in der Betonung

euforia *f*	Euphorie *f*
éxtasis *f*	Extase *f*
fábrica *f*	Fabrik *f*
faquir *m*	Fakir *m*
fenómeno *m*	Phänomen *n*
fósil *m*	Fossil *n*
frívolo *Adj*	frivol
geómetra *m*	Geometer *m*
híbrido *Adj*	hybrid
hidróxido *m*	Hydroxid *n*
homónino *m*	Homonym *n*
húsar *m*	Husar *m*
ídolo *m*	Idol *n*
ilegítimo *Adj*	illegitim
íntimo *Adj*	intim
Jesús *m*	Jesus *m*
kilómetro *m*	Kilometer *m*
leucemia *f*	Leukämie *f*
mamá *f*	Mama *f*
marítimo *Adj*	maritim
matemáticas *f/Pl*	Mathematik *f*
método *m*	Methode *f*
miríada *f*	Myriade *f*
molécula *f*	Molekül *n*
monogamia *f*	Monogamie *f*
monótono *Adj*	monoton
móvil *Adj*	mobil
neón *m*	Neon *n*
neuralgia *f*	Neuralgie *f*
neurastenia *f*	Neurasthenie *f*
ninfómana *f*	Nymphomanin *f*
nómada *m*	Nomade *m*
océano *m*	Ozean *m*
olimpíada *f*	Olympiade *f*

Wörter mit Abweichungen in der Betonung

orgía f	Orgie f
orquídea f	Orchidee f
ortopedia f	Orthopädie f
óvalo m	Oval n
papá m	Papa m
parásito m	Parasit m
parénquina f	parenchym n
parodia f	Parodie f
pelícano m	Pelikan m
período. m	Periode f
pirámide f	Pyramide f
plátano m	Platane f
plural m	Plural m
poligamia f	Polygamie f
pólipo m	Polyp m
póliza f	Police f
póstumo Adj	postum
prosodia f	Prosodie f
prótesis f	Prothese f
régimen m	Regime n
sarcófago m	Sarkophag m
satélite m	Satellit m
sátira f	Satire f
sofá m	Sofa n
tenor m	Tenor m
terapia f	Therapie f
triángulo m	Triangel m
velocípedo m	Velociped n
velódromo m	Velodrom n
zafiro m	Saphir m